JULIAN PRESS

# FINDE DEN TÄTER

## Der Dieb im Saurierpark

# JULIAN PRESS

# FINDE DEN TÄTER

## Der Dieb im Saurierpark

cbj

Bei diesem Buch wurden die durch das verwendete Material und die Produktion entstandenen $CO_2$-Emissionen ausgeglichen, indem der cbj Verlag ein Projekt zur Aufforstung in Brasilien unterstützt. Weitere Informationen zu dem Projekt unter: www.ClimatePartner.com/14044-1912-1001

MIX
Papier aus verantwortungsvollen Quellen
FSC® C010328

Penguin Random House Verlagsgruppe FSC® N001967

Wir produzieren Klimaneutral
ClimatePartner.com/14044-1912-1001
Druckprodukt

*Für die drei pfiffigen Spürnasen –*
*den gewitzten Ilias, mit dem fotografischen Weitblick eines Adlers,*
*den verschmitzten und besonnenen Paul Robert*
*und Clara Maria, der Schelm mit dem liebenswerten Charme*
*eines kleinen Teufelchens mit blonden Engelslöckchen.*



4. Auflage 2023

Umschlagabbildung und Innenillustrationen: Julian Press
Umschlaggestaltung: basic-book-design, Karl Müller-Bussdorf
SaS • Herstellung: UK
Satz: Uhl + Massopust, Aalen
ISBN 978-3-570-17436-4
Printed in Hungary

www.cbj-verlag.de

Wie immer machten Philipp, Flo und Carolin auf dem Weg zur Schule einen Abstecher zum Süßwarengeschäft in der Taubengasse Nr. 23, um bei Leo ihre Leckereien für die Schulpausen zu kaufen. Auch Kriminalkommissar Lars teilte die Leidenschaft für die Lakritzstangen. Außerdem hatten sie alle eine Vorliebe für ungelöste Detektivfälle. Das Taubenatelier, im ersten Stock über Leos Lakritzladen direkt unter dem ausgebauten Dach gelegen, war Treffpunkt der Lakritzbande.

Als Ladeninhaber und Detektiv ist Leo auch Kopf der Bande.

Carolin, kurz Caro, ist sportlich ein Ass und sie kombiniert blitzschnell.

Kriminalkommissar Lars tüftelt gern am Computer.

Florentin ist der kleinste von allen. Deshalb wird er Flo genannt.

Philipp beherrscht die Vogellaute. Sein treuester Begleiter ist Coco, der Kakadu.

# Das Geheimnis des Sargmachers

## 1. Am Fuße der Habichtschlucht

Frühzeitig brach die Lakritzbande an diesem Morgen zu einer Wanderung in die Berge auf. Sie lief einen schmalen Pfad entlang. Bereits zwei Stunden später erreichte sie einen Rastplatz am Fuße der Habichtschlucht.

»Prrrscht!«, prustete Philipp plötzlich los, als er gerade einen Schluck Wasser zu sich nahm. Er hatte einen Wandersmann bemerkt, der über die Köpfe der Kinder hinweg misstrauisch auf die Täler blickte.

»Das ist ja merkwürdig«, brummte er vor sich hin.

»Was er wohl beobachtet?« Philipp versuchte die Gedanken des Mannes zu erraten.

Auch Flo konnte sich zunächst keinen Reim darauf machen.

Unterdessen streiften dunkle Wolken den Himmel. Waren sie ein unheilvolles Vorzeichen?

In der Ferne läutete eine Kirchturmglocke. Caro runzelte die Stirn. Nach einem kurzen Moment stupste sie dann aber ihre Freunde an.

»Ich hab's, ich weiß, worauf der Mann starrt!«, flüsterte sie und gab die Lösung preis.



**? Welcher versteckte Hinweis war es?**

# 2. Am Portal der St. Gabrielskirche

»Volltreffer!«, rief der Wanderer Carolin zu, der ihre Worte vernommen hatte.
Sie hatte ihre Freunde auf die Wetterfahnen der Kirchtürme aufmerksam gemacht. Alle zeigten in die gleiche Windrichtung, nur der Engel auf der Kirchturmspitze der St. Gabrielskirche blies in eine andere.
»Wie kann das sein?«, fragte sich Flo.

»Dieses Phänomen ist mir schon des Öfteren aufgefallen«, erklärte der fremde Mann den jungen Detektiven. »Interessanterweise ist es aber nicht immer so. Die Wege des Herrn sind eben unergründlich.« Mit diesen Worten stieg der Mann weiter den Bergpfad hinauf und zuckte zum Abschied nur mit den Schultern.
»Wir müssen dieser Ungereimtheit auf den Grund gehen«, entschied Philipp und trat mit seinen Freunden unverzüglich den Rückweg an.
Der Kirchplatz der St. Gabrielskirche schien ihnen an diesem frühen Nachmittag wie leer gefegt. Weit und breit war keine Menschenseele zu sehen.
Philipp blickte hinüber auf den Friedhof. »Ich bin mir sicher! Erst kürzlich muss hier noch jemand gewesen sein!«



**? Worauf spielte Philipp an?**

# 3. Ein Unbekannter im Spiel

Unmittelbar vor dem Grab stellte die Lakritzbande fest, dass die letzten Grüße auf den Trauerschleifen Olga Grigo gewidmet waren. Wie sich später herausstellte, war sie fünf Tage zuvor verstorben.
Schon am folgenden Tag sickerte die Nachricht durch, dass ihre verwaiste Wohnung von einer bisher unbekannten Person durchsucht worden war.
»Keine Spuren eines gewaltsamen Einbruchs«, stellte Caro vor Ort fest, als sie die Eingangstür der Verstorbenen inspizierte.
In diesem Augenblick gesellte sich eine Nachbarin hinzu, die den Detektiven bereitwillig Auskunft erteilte.
»Lebte sie allein?«, fragte Flo, als er später in die Wohnung durch ein Fenster von der Straßenseite aus schaute.
»Zeit ihres Lebens«, entgegnete Frau Hollenstedt kurz und ergänzte: »Sie erreichte ein biblisches Alter, lebte zurückgezogen, rauchte nicht und trank nur selten ein Gläschen Likör! Dennoch könnte ich schwören, dass jemand am gestrigen Morgen in ihrer Wohnung gewesen sein muss!« Frau Hollenstedt schniefte in ihr Taschentuch.
»Haben Sie denn jemanden kommen oder gehen sehen?«, fragte Philipp.
»Nein«, gab Frau Hollenstedt kleinlaut zu. »Frau Grigo empfing nie Besuch.«
»Und dennoch haben Sie recht! Dort liegt der Beweis. Jemand muss tatsächlich die Wohnung der Verstorbenen aufgesucht haben«, versicherte Flo, als er noch einmal einen Blick durch das Fenster in die Wohnung warf.



**? Welchen Beweis hatte Flo entdeckt?**

# 4. Neues aus dem Morgenkurier

Dort im Aschenbecher liegt ein ausgedrückter Zigarettenstummel«, bemerkte Flo spitzfindig.

»Seht ihr, ich hab's euch doch gleich gesagt«, wetterte Frau Hollenstedt aufgebracht, »jemand muss in der Wohnung gewesen sein!«

»Jetzt stellt sich nur die Frage, was diese unbekannte Person in der Wohnung zu suchen hatte. Ob sie etwas entwendet hat?«, warf Caro ein.

»Merkwürdig, das scheint jetzt schon der zweite Vorfall innerhalb kurzer Zeit zu sein«, verkündete sie am folgenden Tag, während sie ihren Freunden den neuesten Bericht aus dem Morgenkurier vorlas.

*»... und wieder hatten Zeugen Schritte in einer Wohnung vernommen, deren Mieterin kurz zuvor verstorben war. Und wieder keine Hinweise, die auf einen Einbruch hindeuten! In beiden Fällen lebten die Personen vor ihrem Ableben zurückgezogen, Angehörige waren nicht aufzufinden ...«,* fuhr Carolin fort und fragte: »Ob das ein Zufall ist?«

»Das wird sich herausstellen«, entgegnete Philipp, der daraufhin geistesgegenwärtig die Zeitung nach Traueranzeigen durchsuchte. »Ich wette mit euch, in dieser Wohnung wird der große Unbekannte als Nächstes auftauchen!« Er tippte dabei mit seinem Zeigefinger auf die entsprechende Traueranzeige. Dabei spielte er auf eine alleinstehende Person an, die demnächst bestattet werden sollte.

**Welche Person war gemeint?**

Nach einem erfüllten Leben
verstarb mein Mann

**Ottokar Pukies**

† am 25. Juni

Deine Leni

Die Beisetzung findet statt am
29. Juni um 11.00 Uhr
in St. Gabriel.

---

Völlig unerwartet
verstarb unsere

**Lore Pillkuhn**

† am 23. Juni

Deine Töchter Rosi & Pia

Die Beisetzung findet statt am
30. Juni um 12.30 Uhr
in St. Blasius.

---

Wir nehmen Abschied von
meinem Mann und unserem Vater

Heinz Haselohr

† 22. Juni

Deine Elly und Kinder

Die Beisetzung findet statt am 28. Juni um
13.00 Uhr in St. Gabriel.

---

Nach stürmischen Zeiten nehmen wir Abschied
von unserer Mutter

**Holly Hooge**

† am 24. Juni

Ulla, Bert und Resi

Die Beisetzung findet statt am
1. Juli um 9.00 Uhr in
St. Gabriel.

---

Ruhe in Frieden!

**Egon
Tomaschewsky**

† am 26. Juni

Deine Tochter Polly

Die Beisetzung findet statt am
2. Juli um 10.30 Uhr
in St. Benedikt.

---

Plötzlich und unerwartet verstarb
Ehemann und Vater

**Heribert Blaukorn**
Gärtner im Ruhestand

† am 21. Juni

Alma und Kinder

Die Trauerfeier findet statt am 28. Juni um
9.30 Uhr in St. Gabriel.

---

Unsere Großmutter hat ihren
Frieden gefunden!

**Dolorosa
Fürchtemich**

† am 21. Juni

Solveig und Traugott

Die Beisetzung findet statt am
29. Juni um 16.30 Uhr
in St. Blasius.

---

Ruhe in Frieden!

**Balthasar
Kraushaar**

† am 26. Juni

Pit Kraushaar und Familie

Die Beisetzung findet statt am
2. Juli um 12.00 Uhr
in St. Benedikt.

---

Plötzlich und unerwartet verstarb
Ehemann und Vater

**Gustav Pilchowsky**
Botaniker i. R.

† am 21. Juni

Rosalinde mit Jasmin und Violetta

Die Trauerfeier findet statt am 28. Juni
um 11.00 Uhr in St. Gabriel.

---

*Sie segelt davon…
Kapitänsfrau*

**Edda
Kaltwasser**

*† am 23. Juni*

*Rieke, Kalle und Fiete*

*Die Beisetzung findet statt am
30. Juni um 16.30 Uhr
in St. Blasius.*

---

Ein neuer Stern
am Himmel!

**Isidor Schnuppe**

† am 26. Juni

Nichte Regina Bogen

Die Beisetzung findet statt
am 2. Juli um 12.30 Uhr
in St. Benedikt.

---

Eine wortgewaltige Stimme
ist verstummt…

**Mila Drachenfels**
Konzertsängerin bis zum Ende

† am 21. Juni

Tochter Elsa Schlund u. Kinder

Die Trauerfeier findet statt am 29. Juni um
9.30 Uhr in St. Gabriel.

---

*Unser Großvater hat sich auf
seinen letzten Weg begeben…*

***Otto Krummpfad***

*† am 20. Juni*

*Eddie und Max*
*Die Beisetzung findet statt am
29. Juni um 11.30 Uhr in St. Blasius.*

---

Auch nun ruhen ihre
Gebeine für immer alleine!

**Käthe Kiekbusch**

† am 26. Juni

Die Beisetzung findet statt
am 2. Juli um 9.30 Uhr
in St. Gabriel.

---

Im gesegneten Alter von 97 Jahren
verstarb unser Bruder und Onkel

**Carl Gleisner**
Bahnbeamter im Ruhestand

† am 21. Juni

Alois und Kinder

Die Trauerfeier findet statt am 1. Juli
um 10.30 Uhr in St. Gabriel.

---

Der Gipfel ist erreicht…

**Luis Matthorn**
Bergsteiger a. D. † am 26. Juni

Deine Dich stets liebende Elfi Matthorn-Laufschuh

Beisetzung am 3. Juli um 13.00 Uhr in St. Gabriel.

---

Wir nehmen gemeinsam Abschied von

**Olli Tausendsassa**

† am 21. Juni

Deine Dich treu liebende Mia

Beisetzung am 1. Juli um 14.30 Uhr in St. Blasius.

# 5. Die Vermutung wird zur Gewissheit

Philipp war sich sicher, der nächste Vorfall würde in der Wohnung der verstorbenen Käthe Kiekbusch stattfinden. Kriminalkommissar Lars lieferte prompt die dazugehörige Adresse – Drosselgasse Nr. 93.

Die Bestattung der Verstorbenen sollte ebenfalls auf dem Friedhof der Kirche St. Gabriel stattfinden. Noch am Tage der Trauerfeier suchte Philipp mit seinen Freunden die verwaiste Wohnung der Käthe Kiekbusch auf.

»Hier muss es sein!«, meinte Philipp, als er durch ein Fenster einen Blick in die düstere Wohnung warf.

Eine satte halbe Stunde lag die Lakritzbande auf der Lauer, doch nichts tat sich.

»Machen wir eine Runde um den Block«, schlug Philipp seinen Freunden vor.

Nicht einmal zwanzig Minuten dauerte es, bis sich Philipp, Flo und Carolin erneut am Fenster vor der Wohnung der Verstorbenen einfanden.

»Verflixt! Jemand muss zwischenzeitlich hier gewesen sein! Der Beweis ist nicht zu übersehen!«, entfuhr es Carolin.



**? Woran hatte Caro das erkannt?**

# 6. Wohnungsräumung

Jemand hat das Buch zwischenzeitlich durchgeblättert und andersherum wieder auf den Tisch gelegt!«, rief Caro.
»Klarer Fall, wieder hat ein Unbekannter irgendetwas in einer verlassenen Wohnung gesucht«, fügte Philipp hinzu. »Was meint ihr, steckt eine Bande dahinter?«
»Vielleicht. Es gilt unbedingt herauszufinden, wer Zugang zu allen Wohnungen hat«, antwortete Flo.

Die Lakritzbande entfernte sich vom Tatort. Schlurfenden Schrittes schlenderte Flo den Gehweg entlang, als plötzlich etwas unter seinen Füßen schepperte.
»Eine Münze?«, fragte er verdutzt. Er hob ein rundes Metallstück auf und begutachtete es in seiner Hand. Es war ein verziertes Emblem mit Ornamentbesatz am Rand, das er in seine Hosentasche gleiten ließ.
Bereits am nächsten Tag sollte die Lakritzbande erfahren, auf welch beweisträchtigen Fund sie gestoßen war, als sie erneut auf die Drosselgasse Nr. 93 zusteuerte.
»Da ist was im Busch!«, bemerkte Philipp.
Aus der Ferne war zu beobachten, dass einige Personen in Begriff waren, die Wohnung der verstorbenen Käthe Kiekbusch zu räumen. Eine Fülle an Gegenständen befand sich bereits am Straßenrand, um auf einen Transporter verladen zu werden.
Verstohlen holte Flo seinen gestrigen Fund aus der Hosentasche und flüsterte seinen Freunden zu: »Jetzt haben wir es schwarz auf weiß, was gestern in der Wohnung von Frau Kiekbusch entwendet wurde!«



**? Um welchen Gegenstand handelte es sich?**

# 7. Prozessionsmarsch im Visier

Für Flo stand zweifelsfrei fest, dass das verzierte Silberemblem aus der Wohnung der Verstorbenen stammte und zu einem Rosenkranz gehörte. Genau so einer war auch auf dem Ölgemälde zu entdecken, das kopfüber auf dem Straßenpflaster lag. Geistesgegenwärtig, bevor das Bild verladen wurde, machte Flo davon einen Schnappschuss mit seinem Mobiltelefon.
»Wer hat bloß ungehinderten Zugang zu den verlassenen Wohnungen?«, warf Philipp ein. »Verwandte scheint es in keinem der Todesfälle zu geben!«
»Vielleicht steckt ein Bestattungsunternehmer oder ein Erbschaftsprüfer dahinter!«, bemerkte Carolin scharfsinnig.
Der entscheidende Hinweis ließ nicht lange auf sich warten. Am folgenden Sonntag mischte sich die Lakritzbande unter die Zuschauer, um der angekündigten Feierlichkeit von St. Gabriel beizuwohnen. Eingeleitet von sakralen Gesängen setzte sich der Prozessionsmarsch in Bewegung. Philipp, Flo und Carolin schauten sich unter den vielen Menschen um, die sich auf dem Kirchhof versammelt hatten.
»Habt ihr was entdeckt?«, fragte Carolin ihre Freunde.
»In der Tat!«, trumpfte Philipp nach einem kurzen Moment auf. »Eine Person müssen wir im Auge behalten! Seht, dort hält jemand einen Rosenkranz in seinen Händen.«
Zum Vergleich ließ sich Philipp von Flo noch einmal die gestrige Aufnahme auf dem Mobiltelefon zeigen. Ein Blick durch den Feldstecher lieferte den Beweis, die gesuchte Gebetskette war gefunden. Nur das dazugehörige Silberemblem umklammerte Flo fest in seiner Hand.



**? Welche Person hatte Philipp im Visier?**

# 8. Kurz untergetaucht!

Philipps Augenmerk war auf den bärtigen Mann gefallen, der rechts vor einem Fenster der Kirchenkapelle auf einer Bank saß und die Perlen des gesuchten Rosenkranzes durch seine Finger gleiten ließ.
»Damit kommen wir der Sache Schritt für Schritt näher«, war Flo überzeugt.
Während der Prozession ließ die Lakritzbande den Mann nicht mehr aus den Augen. Verstohlen hielt dieser sich im Hintergrund, bis er plötzlich im Gewimmel der Menschenmenge verschwand.

Flo blickte sich um. Er war ratlos.
»Puh, da ist er! Ich sage euch, wo der Kerl steckt! Der entwischt uns nicht mehr!«, rief Caro erleichtert und spornte ihre Freunde an, ihr umgehend zu folgen.



**? Wo hielt sich die verdächtige Person auf?**

ARKUS
Fest
KON

# 9. Münzenschacher im Visier

Mit aufheulendem Motor war der Mann in einem Wagen davongebraust. Sichtbar war der gestohlene Rosenkranz am Innenspiegel des Wagens angebracht.

»Merkt euch das Kennzeichen ›PX-Z-277‹. Den Fahrer werden wir uns noch vorknöpfen!«, rief Philipp, der den bärtigen Mann auch an den spitzen Hemdsärmeln wiedererkannt hatte.

Am nächsten Tag suchte die Lakritzbande ihn in seinem Büro auf. »Erbschaftsprüfer – Josef Münzenschacher« war auf dem Schild am Eingang zu lesen. Er begegnete den drei jungen Detektiven mit einem Kopfschütteln, als er von ihnen mit dem Silberemblem konfrontiert wurde.

»Was soll das sein?«, brummte der Mann unfreundlich.

»Sollen wir Ihnen auf die Sprünge helfen?«, entgegnete Philipp scharf.

»Worauf wollt ihr hinaus? Was beweist das schon«, grinste der Mann plötzlich, »Rosenkränze gibt's wie Sand am Meer!«

»Mag schon sein, aber dieser hier ist besonders wertvoll!«, fiel Philipp ihm ins Wort.

Beschwichtigend gab der Mann den Detektiven zu verstehen, dass er den Rosenkranz schon seit Langem besitze und dieses Silberemblem während der Prozession verloren haben müsse.

»Sie wissen doch genau, dass dieser Rosenkranz aus der Wohnung der verstorbenen Frau Kiekbusch stammt!«, antwortete Carolin scharf. Dabei entging ihr nicht, dass sich der Blick des Mannes verfinsterte.

»Rauchen tut der Kerl im Übrigen auch«, flüsterte Flo seinen Freunden zu, als sie das Büro des Mannes wieder verließen.



**? Wo lag der Beweis?**

Termin
Los
Nr.
31
H-K
L-N
T-Z
A-C
D-G

# 10. Fragiles Transportgut

Es war der Tabakbeutel, auf den Flo aufmerksam geworden war und der sich vor dem Wandspiegel auf dem Regal befand. Dabei spielte Flo auf die ausgedrückte Zigarette an, die sie neulich in der Wohnung von Frau Grigo entdeckt hatten und die einem Besitzer bisher nicht zuzuordnen war. Dieses Indiz und sein unrühmliches Verhalten trugen dazu bei, dass Josef Münzenschacher fortan als Verdächtiger ins Visier der weiteren Ermittlungen geriet. Darüber hinaus tappte die Lakritzbande jedoch weiterhin im Dunkeln. Denn außer dem gestohlenen Rosenkranz konnte bisher kein weiterer Diebstahl festgestellt werden. Wie war diese merkwürdige Geschichte bloß zu entwirren?

Die Antwort erhielten die Detektive jedoch schneller als erwartet. Wieder stand eine Trauerfeier in St. Gabriel an. Der Leichnam des kürzlich verstorbenen Otto Sanftleben sollte tags darauf an einem Freitagnachmittag mit einem Kleinflugzeug transportiert werden und am örtlichen Flughafen eintreffen. Rechtzeitig fand sich die Lakritzbande auf der Aussichtsterrasse ein. Philipp, Flo und Carolin hatten sich an verschiedenen Ecken postiert, um die Flugpassagiere besser im Blickfeld zu haben. Mit einem Kopfschütteln gaben sie sich von Zeit zu Zeit zu verstehen, dass keiner von ihnen eine treffsichere Beobachtung zu vermelden hatte.

»Nicht die Bohne«, brummte Flo in sich hinein.

Doch plötzlich gab Caro ihren Freunden ein Zeichen und zeigte auf eine Person, die sie im Visier hatte und die zweifellos in einem Zusammenhang mit dem Verstorbenen zu stehen schien.



**? Welche Person war es?**

# 11. St. Gabriel im Fokus

Ins Blickfeld geraten war jene Person, die in ihren Händen eine Urne hielt, auf der die Buchstaben »O.S.« zu lesen waren, zweifellos die Initialen des verstorbenen Otto Sanftleben.

Die Lakritzbande heftete sich unmerklich an die Fersen des Mannes. Sie beobachtete, wie der Mann in ein Taxi stieg und davonfuhr.

»Ich wette, der fährt schnurstracks nach St. Gabriel«, mutmaßte Philipp.

Eine Viertelstunde später fanden sich die drei Detektive ebenfalls dort ein.

»Psst, seid ruhig!«, zischte Philipp, als sie einen Seiteneingang des Friedhofs erreichten.

Jetzt nahmen auch Flo und Carolin in unmittelbarer Nähe ein merkwürdiges Geräusch wahr. Die Lakritzbande versuchte die Richtung zu orten.

Philipp bezog Stellung und lugte durch ein Loch in der Friedhofsmauer. Auf einmal wurde es wieder totenstill.

Caro saß auf einer Bank an der Straßenecke und hielt Ausschau, Flo hingegen postierte sich hinter einem Grabstein. Wertvolle Zeit verrann, es war nichts Auffälliges zu beobachten. Doch dann machte es plötzlich »Krrks«.

Philipp schaute erneut durch das Loch der Friedhofsmauer. »Klare Sache, jemand muss soeben hier gewesen sein«, stellte er sogleich fest.

Er gab seinen Freunden einen Wink und trommelte sie zusammen, um die Verfolgung aufzunehmen.



**? Was war Philipp aufgefallen?**

# 12. Ohren aufgesperrt!

Jemand hat den Spaten genommen«, sagte Philipp, während er mit Flo und Carolin um die Kirchenmauer schlich.
Plötzlich hielten sie inne. Für den Bruchteil einer Sekunde entdeckten sie die Hosenbeine einer Person, bevor sie hinter der Chornische der St. Gabrielskirche verschwand. Die Lakritzbande blieb ihr dicht auf den Fersen.
»Verflixt! Die Tür ist verschlossen!«, rief Flo, als er an einer knarrenden Holztür rüttelte. Er schaute durch das Schlüsselloch. Von der geflüchteten Person war jedoch weit und breit nichts zu sehen.

»Wie vom Erdboden verschluckt«, stellte Flo fest.
»Los, hier entlang!«, rief Carolin und wies auf eine andere Kirchentür, die einen Spalt breit offen stand. Die Lakritzbande betrat das Kirchenschiff. Für den Bruchteil einer Sekunde war noch ein leise schnarrendes Geräusch zu vernehmen, bis es auf einmal verstummte.
Die Lakritzbande schaute sich um.
»Was war das?«, grübelte Caro.
Die drei Freunde waren ratlos.
Flo ließ noch einmal seinen Blick schweifen, um sich Klarheit zu verschaffen. Da fiel es ihm auf! Seitdem er durch das Schlüsselloch des Portals geblickt hatte, hatte zweifelsfrei eine Person unmittelbar vor ihnen das Kirchenschiff betreten.
»Wie kommst du denn darauf?«, fragte Philipp.
»Seht doch, jemand hat soeben einen kostbaren Gegenstand umgestellt«, antwortete Flo.



**? Worauf spielte Flo an?**

1711

# 13. Der Blick unter den Sargdeckel

Flo schaute sich die Monstranz aus nächster Nähe an und drehte sie wieder um 90 Grad zurück. Erneut war das merkwürdige Geräusch zu vernehmen, welches durch die Drehung der Monstranz hervorgerufen wurde und eine Tür am Ende des linken Seitenschiffes automatisch öffnete.

Philipp, Flo und Carolin trauten ihren Augen kaum. Sie schlichen dorthin und stiegen auf leisen Sohlen, durch die Tür hindurch, die schmalen Treppenstufen ins Kellergewölbe hinab.

Unten in den Katakomben angekommen, staunte Philipp nicht schlecht. »Donnerwetter!«, sprudelte es aus ihm hervor.

Durch den Spalt eines geöffneten Sargdeckels glitzerte es. Gemeinsam hievten die drei Detektive den schweren Eichendeckel hoch und setzten ihn ab. Lauter Kostbarkeiten kamen zum Vorschein.

»Allem Anschein nach Diebesgut«, mutmaßte Philipp.

»Mit Sicherheit!«, unterbrach ihn Carolin und zeigte auf die Urne mit den Initialen »O.S.«, die sich ebenfalls dort befand. Sie war bereits geöffnet und statt der Asche lagen lauter verschiedene Schmuckstücke darin.

»Klarer Fall, damit steht fest, dass der Flugpassagier hier gewesen sein muss. Doch wo steckt er jetzt?«, fragte Flo.

»Das werden wir herausfinden!«, verprach Philipp. »Es scheint, dass er sich auf seiner Flucht verletzt hat.«

**Wie kam Philipp darauf?**

Adam
Crohn
19.1.17
1.2.79
Mey
6.15
83
Gloria
Leon
17.9.17
29.7.91
A.T.
1757

# 14. Die verräterische Hand

Philipp sollte mit seiner Vermutung richtigliegen. In den Katakomben waren ihm die Schere und der offen stehende Verbandskasten auf dem Regal in der dunklen Ecke aufgefallen. Dieser Gedanke sollte die Lakritzbande tatsächlich auf die richtige Spur führen.

Allerdings traf die Lakritzbande in der unterirdischen Begräbnisstätte keine Person mehr an. Sie war geflüchtet.

Doch bereits am folgenden Samstagmorgen konnten Philipp, Flo und Carolin in unmittelbarer Nähe der St. Gabrielskirche einen Erfolg verbuchen.

»Mich trifft der Schlag!«, rief Flo, als er plötzlich den Gesuchten aus den Katakomben zwischen den vielen Menschen auf dem mittelalterlichen Markt wiederentdeckte. »Die gleichen Hosenbeine! Der Flugpassagier! Und tatsächlich, der Kerl hat sich eine Verletzung zugezogen. Seht, er trägt auf seinem Handrücken ein Verbandspflaster.«

Philipp und Carolin war sofort bewusst, auf welche Person Flo anspielte.

»Auf geht's, bevor er uns wieder entwischt!«, rief Carolin aus.



**? Wo hielt sich die gesuchte Person auf?**

FISCHE
1901

# 15. Drei Männer in der Klemme

Flo hatte die betreffende Person zunächst am Ziehbrunnen ausmachen können, bevor sie hinter dem Häusereck verschwand. Die Lakritzbande folgte ihr und beobachtete, wie sie zielstrebig auf den Eingang eines Gebäudes zusteuerte, ein Holztor öffnete und einen dunklen Schuppen aufsuchte. Als sie näher kam, stellte die Lakritzbande fest, dass es sich dabei um die Werkstatt eines Sargmachers handelte.

Es stand außer Frage, dieser Sargmacher gehörte zu der verschworenen Bande. Ein mit wertvollem Schmuck prall gefüllter Sarg im Kellergewölbe der St. Gabrielskirche konnte ihm nicht entgangen sein. Eile war geboten. Fortan stand die Lakritzbande an der Kirche Schmiere. Es galt herausfinden, was mit dem Sarg und seinem wertvollen Inhalt geschehen würde. Kommissar Lars und Leo stießen an diesem Abend hinzu. Bei Anbruch der Dämmerung konnten die Detektive drei Männer beobachten, die mit einem Handwagen den schweren Eichensarg aus dem Seiteneingang der Katakomben herauszogen.

»Stehen bleiben«, befahl Lars und zückte seinen Revolver.

»Sieh an! Auch Josef Münzenschacher ist mit von der Partie«, flüsterte Philipp seinen Freunden zu.

Die drei Übeltäter hielten inne. Plötzlich war jedoch ein knirschendes Geräusch zu vernehmen. Es war der Sargmacher, der die Gelegenheit beim Schopfe packte und kurzerhand Reißaus nahm. Er flüchtete ins dunkle Gewölbe der Katakomben.

»Hier ist er entlanggelaufen«, bemerkte Caro kurz darauf, als sie auf der anderen Seite der Katakomben wieder das Friedhofsgelände erreichte. »Da liegt auch der Beweis!«



**? Welchen Beweis hatte Caro entdeckt?**

Hier ruht

Mia Hase
Ida Rose
Ole Riel
Hier ruht Anna Thal
Anton Rabe 17.12.77 19.1.76
Hier

# 16. Flucht in den Glockenturm

Während sich der Erbschaftsprüfer Josef Münzenschacher und der verdächtige Passagier, der die Urne des jüngst Verstorbenen vom Flughafen zur St. Gabrielskirche gebracht hatte, widerstandslos abführen ließen, machte Caro ihre Freunde auf einen Hammer aufmerksam, der unmittelbar vor dem Eingang des Glockenturms lag.

»Vermutlich wird der Sargmacher ihn verloren haben!«, rief sie und erklärte, dass das Werkzeug zuvor noch an seinem Gürtel befestigt gewesen war. »Er kann nur die Wendeltreppe nach oben geflüchtet sein.«

»Dann steckt er in der Falle!«, war Philipp überzeugt und rannte sofort die Stufen hinauf.

Oben angekommen, suchten die Detektive jeden Winkel ab.

»Der kann sich doch jetzt nicht in Luft aufgelöst haben!«, meinte Flo irritiert.

»Ruhig Blut! Ich weiß, wo er steckt«, antwortete Philipp verschmitzt.



**? Wo steckte der Sargmacher?**

# Geheimbote AX-737

## 1. Fund im Odinspark

*Sensationeller Fund in den Katakomben!*«, titelte der Abendkurier und lobte die Lakritzbande, die wieder einmal mit detektivischem Scharfsinn drei Halunken das Handwerk gelegt hatte.

Während in unmittelbarer Nähe zwei von ihnen festgenommen werden konnten, hatte sich der Sargmacher auf seiner Flucht ausgerechnet unter der hängenden Glocke des Turms von St. Gabriel verschanzt. Beim anschließenden Kreuzverhör im Kommissariat waren alle drei Männer geständig. Dabei erfuhr die Lakritzbande auch, was es mit der Engelsfigur auf dem Kirchturm der St. Gabrielskirche auf sich hatte.

Der Sargmacher hatte die Wetterfahne zu bestimmten Zeiten entsprechend ausgerichtet, um seinen Komplizen zu vermitteln, dass die Luft rein war. So konnten sie unbehelligt das Diebesgut aus den verwaisten Wohnungen der Verstorbenen in die Katakomben schaffen.

Doch nach diesem Vorfall blieb der Lakritzbande nicht viel Zeit, um Luft zu holen. Bereits eine Woche später wurden Philipp, Flo und Carolin unerwartet in einen erneuten Kriminalfall verwickelt. Nichts ahnend liefen die drei Detektive gerade den Odinspark entlang, als Caro eine Entdeckung machte.

»Halt!«, rief sie plötzlich ihren Freunden zu und nahm schnurstracks Kurs auf eine verletzte Taube.



**? Wo hatte Caro sie entdeckt?**

KIOSK
Mila Thal
1781-187

# 2. Eine seltsame Nachricht

Das verletzte Tier lag nahe des Papierkorbs unter einem Busch. »Eine Brieftaube!«, rief Flo erstaunt, als er am Fundort auch auf eine angerissene Plastikhülse aufmerksam wurde.

»Vermutlich ein gebrochener Flügel«, bemerkte Caro gegenüber dem Tierarzt, den sie mit ihren Freunden unmittelbar nach dem Fund des Tieres aufgesucht hatte.

»Eure Diagnose ist richtig«, bemerkte Dr. Vogelsang, nachdem er die Brieftaube behutsam untersucht hatte. Er verband ihren Flügel und entließ die Lakritzbande mit den Worten, dass die Taube in ein paar Wochen wieder fliegen könne.

»Sie frisst wie ein Weltmeister«, lobte Flo Tage später und schaute dem Vogel in der Voliere verschmitzt zu, als das Tier eifrig nach den Körnern pickte.

Da wartete Philipp schon mit einer neuen Nachricht auf. »Ich habe soeben mit dem Taubenzüchterverein telefoniert. Stellt euch vor, die angezeigte Nummer auf der Beringung des Tieres ist bei keinem Besitzer registriert«, bemerkte er scharfsinnig und runzelte dabei die Stirn.

»Was hat das zu bedeuten?«, fragte Flo irritiert.

»Dafür gibt's nur eine Erklärung. Die Taube war in geheimer Mission unterwegs«, war sich Caro sicher und verwies auf die angerissene Plastikhülse.

»Donnerwetter, da steckt ja noch ein Papierfetzen drin!«, rief sie aus, zog ihn mit einer Pinzette heraus und faltete ihn auseinander.

»Mich laust der Affe. Tatsächlich ein Geheimcode!«, bemerkte Philipp sogleich. »Und die Lösung wirft Fragen auf…!«



**? Wie lautete die Botschaft?**

Tauben
Futter
Bdiuvoh! Mbevoh fjohfuspggfo.
Xboo xjse hfmpftdiu?

# 3. Blick auf das Häusermeer

»*Achtung! Ladung eingetroffen. Wann wird gelöscht?*«, las Philipp seinen Freunden verdutzt vor. Ihm war aufgefallen, dass jeder Buchstabe dieser Notiz jenes Schriftzeichen ersetzte, welches sich unmittelbar davor im Alphabet befand.

»Was ist mit dieser Nachricht bloß gemeint?«, fragte Flo.

»Eine Ladung wird in der Regel im Hafen gelöscht«, erklärte Philipp.

»Nur wer etwas zu verbergen hat, nutzt einen Geheimcode. Die Frage ist bloß, wann diese geheimnisvolle Ladung abgeholt wird«, ergänzte Carolin scharfsinnig.

Ganze fünf Wochen vergingen, bis der Vogel wieder flugtauglich war. Auf dem Fenstersims der Voliere stand die Brieftaube startbereit. Gespannt schaute die Lakritzbande dem Vogel nach, als er mit kräftigen Flügelschlägen davonflog. Mit einem Minisender ausgestattet konnte die Taube von nun an jederzeit von Philipp, Flo und Carolin geortet werden. Auch der treue Kakadu Coco folgte ihr auf Sichtweite. Doch nach kurzer Zeit war auf dem Sendegerät keine Peilung mehr auszumachen.

»Was ist passiert?«, fragte Carolin, als das rote Signal auf dem Bildschirm plötzlich erlosch.

»Es gibt zwei Möglichkeiten! Entweder hat die Brieftaube den Sender verloren oder aber jemand hat ihn ihr soeben entfernt«, folgerte Philipp messerscharf.

Vom alten Rathausturm versuchten die Detektive, einen Taubenschlag in der Nähe ausfindig zu machen. Coco, der Kakadu, hatte ihn schon längst angesteuert und Flo kam auch dahinter.

**Wo war der Taubenschlag?**

FARBEN
H. Paulsen
KINO
17

# 4. Blick durch den Bretterzaun

Unverzüglich suchte die Lakritzbande den Taubenschlag auf, der als kleines Türmchen die vielen Häuserdächer überragte. Vor Ort entdeckten die drei Detektive durch den Bretterzaun hindurch einen großen, runden Lehmbau, der allem Anschein nach tatsächlich als Taubenhaus diente.

»Scheint aber kein Mensch da zu sein«, bemerkte Philipp.

Die Lakritzbande verharrte vor dem Bretterzaun und lugte von Zeit zu Zeit durch das große Astloch des Zauns.

»Du wirst recht haben!«, versicherte ihm Flo. Auch er konnte keinen Hinweis finden, der auf die Anwesenheit einer Person auf dem Gelände schließen ließ.

Die Lakritzbande rüttelte am Türschloss, doch es ließ sich niemand blicken.

»Irrtum, jemand muss soeben hier auf dem Hof gewesen sein. Dort liegt der Beweis!«, entgegnete Carolin, nachdem auch sie erneut auf das abgeriegelte Gelände geschaut hatte.



**? Was hatte Carolin entdeckt?**

# 5. Geheimnisvolles Strandgut

Der nächste Tag bescherte der Lakritzbande in diesem mysteriösen Fall unerwartete Neuigkeiten. Ein nächtlicher Diebstahl im Hafengelände ließ die Lakritzbande aufhorchen.
Nachdem Philipp, Flo und Carolin in ihrem Notizbuch von dem Fund eines Messers berichteten, das sie auf den zweiten Blick auf dem Gelände des Taubenzüchters entdeckt hatten, fanden sich die Detektive am folgenden Morgen an der Küste ein. Dort war am Tag zuvor ein seltsames Motorboot gesichtet worden. Dem offiziellen Polizeibericht zufolge waren zwei Personen von einem Zeugen beobachtet worden, als sie bei Einbruch der Dämmerung diverse Kisten aus dem Hafengelände stahlen. Noch bevor sie von der Hafenpolizei aufgespürt wurden, konnten die Täter in Windeseile ihr letztes Diebesgut auf ihr Boot hieven und, durch aufkommenden Nebel begünstigt, mit aufbrausendem Motor den Verfolgern entkommen. Anfänglich war es der Hafenpolizei noch möglich, die Spur der Diebe entlang der Küste zu verfolgen. Im flackernden Licht war noch schemenhaft der Name des Bootes zu erkennen, bis der Scheinwerfer des Polizeibootes plötzlich erlosch und es den Beamten unmöglich machte, die Spur der Täter weiterzuverfolgen.
»Hier haben wir die beiden Strolche verloren«, erklärte einer der beiden Polizeibeamten der Lakritzbande am folgenden Tag am Fuße der felsigen Meeresküste, »aber wir sind uns sicher, dass den Tätern im Eifer des Gefechts hier auf ihrer Flucht eine ihrer Kisten über Bord gegangen sein muss!«
»Sie vermuten richtig. Sehen Sie, dort scheint das Diebesgut angespült worden zu sein!«, versicherte ihm Philipp.



**Wo hatte er das Diebesgut gesichtet?**

# 6. Ein Blick in die Kiste

Herbeigerufene Beamte bargen die Kiste, die unweit des Leuchtturms zwischen dem Felsgestein an der Meeresküste lag. Es sollte sich herausstellen, dass diese Kiste tatsächlich zu einer von fünf weiteren gehörte, die in der vergangenen Nacht im Hafen gestohlen worden waren.

»Klarer Fall, zweifellos müssen die geheime Botschaft und der Vorfall im Hafen in direktem Zusammenhang stehen«, versicherte Philipp seinen Freunden.

»Eine fette Beute! Verdammt wertvolle Armbanduhren«, bemerkte einer der beiden Polizeibeamten, als die Fracht wenig später im Kommissariat näher untersucht wurde.

»Das wird sich noch zeigen«, entgegnete Kriminalkommissar Lars, der mit Leo dazugestoßen war und zur weiteren Beweisaufnahme von einem Juwelier ein Original zum direkten Vergleich herbeiholen ließ.

»Eindeutig die gleiche Uhr! Kein Unterschied festzustellen«, fuhr einer der Beamten der Hafenpolizei unbeirrt fort. »Sehen Sie, selbst die drei Diamanten sind auf dem Ziffernblatt eingefasst!«

Kriminalkommissar Lars schaute dem Beamten über die Schulter, betrachtete dann das Original und eines der gefundenen Exemplare noch einmal durch das Vergrößerungsglas.

»Beinahe hätten Sie recht gehabt«, entgegnete Lars nach kurzer Begutachtung, »jedoch handelt es sich hier um Original und Fälschung!«



**? Welchen Unterschied hatte Lars entdeckt?**

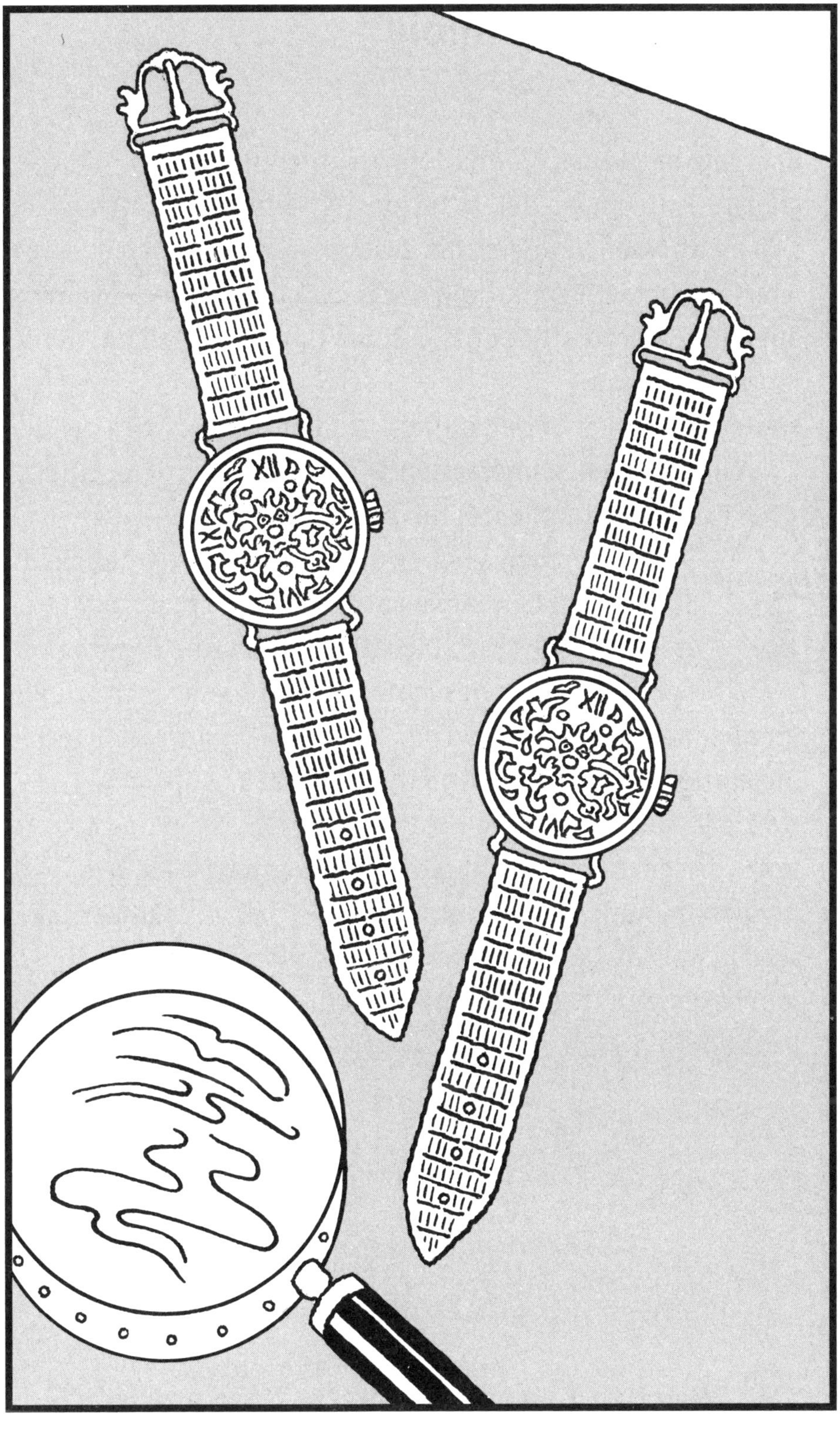

# 7. In der Hafenmole

Lars lag mit seiner Vermutung goldrichtig. Das fein ausgestanzte Emblem in der Mitte des Ziffernblattes unterschied sich im direkten Vergleich der beiden Armbanduhren in einem winzigen Detail. Beim Original war es Teil des Stundenzeigers, auf dem Ziffernblatt der gefälschten Uhr war es Teil des Minutenzeigers.

Weitere Untersuchungen ergaben zudem, dass es sich bei den vemeintlichen eingefassten Diamanten auf dem Ziffernblatt des Duplikates um billige Glassteine handelte.

Die Recherchen blieben zunächst jedoch ergebnislos. Sowohl von den Dieben als auch ihrem Motorboot gab es keine neue Spur. Die »AIDA« blieb unauffindbar.

»Hier scheint das gesuchte Boot jedenfalls nicht zu liegen!«, meinte Flo, als er wenig später mit Philipp und Carolin die einzige Hafenmole in unmittelbarer Nähe aufsuchte.

»Wäre ja auch mehr als ein Zufall gewesen, denn das Boot ist unter diesem Namen nicht registriert«, ergänzte Philipp.

In diesem Augenblick stutzte Carolin. »Die Halunken sind schlauer als gedacht«, entgegnete sie plötzlich, als sie im Hafenbecken auf etwas aufmerksam wurde. »Das gesuchte Boot liegt dort hinten!«



**? Welchen Gaunertrick hatte Caro entdeckt?**

TARA
Polly
RIK
JAN
TOSCA
PLUTO
T1
IDA
TOBY
Isa
YOLA
Alma
OLE
RUPIO

# 8. Unter Möwen

Auch Philipp und Flo fiel es wie Schuppen von den Augen, als sie von Caro auf ein aufgeweichtes Etikett, auf dem der Buchstabe »A« verzeichnet war, im Hafenbecken hingewiesen worden waren. Es stand außer Zweifel, dieser Buchstabe war für den nächtlichen Diebstahl im Hafen vor den Namenszug des Bootes »IDA« geklebt worden.

»Vermutlich, um die Polizei auf eine falsche Fährte zu locken«, führte Caro ihre Überlegungen fort.

Zusammen mit Philipp und Flo steuerte sie sofort auf den Pier zu, wo das betreffende Motorboot vertäut lag. »Fragt sich jetzt nur, welcher Ganove sich auf dem Boot blicken lässt«, überlegte Philipp scharf.

Es ließ sich jedoch keiner sehen, auch die gestohlenen Kisten waren nicht an Bord.

»Verflixt, wir stecken in einer Sackgasse!«, meinte Flo, als er mit Philipp und Carolin anschließend die Fleete im Hafen entlangschlenderte, begleitet vom lauten Kreischen der vielen Möwen.

Philipp schaute sich um. »Stellt euch vor, unser geflügelter Geheimbote ist mit von der Partie!«, warf er plötzlich ein.

»Wovon redest du?«, fiel Flo ihm ins Wort.

»Kleiner Tipp«, entgegnete Philipp und zitierte: »Lieber einen Spatz in der Hand als …!«



**? Wo hielt sich der Geheimbote auf?**

KÖHLER
LIMO
O. Kunz
FISCHE
H. KOLLE

# 9. Tauben unter sich

Die der Lakritzbande nur allzu gut bekannte Brieftaube mit ihrem schwarz gefiederten Ring am Hals saß hinter einem Schornstein auf dem Dach des Hauses, das unmittelbar an der Treppe zum Kai stand. Das Tier spreizte seine Flügel und flog dann davon. Mit seinem Fernglas beobachtete Flo, welches Ziel die Brieftaube nun ansteuerte.

»Und, was siehst du?«, fragte Philipp.

»Einen weiteren Taubenschlag, nicht weit entfernt«, antwortete Flo.

Philipp und Carolin blieben Flo auf den Fersen, der schnurstracks auf einen alten Gebäudekomplex zusteuerte, der sich auf einem Hügel am Stadtrand befand.

Vor Ort entdeckte die Lakritzbande eine Taubenschar, die nach kurzer Zeit im Taubenschlag verschwand. Schon bald darauf schwangen sich alle Tauben wieder in die Lüfte.

»Volltreffer, jetzt haben wir den Beweis!«, jubelte Flo, nachdem er erneut durch sein Fernglas geschaut und dabei eine scharfsinnige Beobachtung gemacht hatte.

»Du sprichst in Rätseln«, entgegnete Carolin.

»Nichts wie hin. Ich habe den Beweis, dass es im Taubenschlag einen Informanten gibt. Dem werden wir jetzt einen Besuch abstatten!«, rief Flo entschlossen. »Kommt mit! Der Kerl ist uns eine Erklärung schuldig!«



**? Was bewies, dass dort eine Person war?**

# 10. Selbstverrat

Ausgerechnet die der Lakritzbande bereits bekannte Brieftaube wurde, nachdem sie den Taubenschlag wieder verlassen hatte, mit einer Briefpost auf Reisen geschickt. Somit stand zweifelsfrei fest, der Informant war hier gefunden.

»*Sören Heelbutt*«, las Philipp seinen Freunden vor, als er am Eingang des Anwesens auf das Namensschild des Bewohners blickte.

Als die Lakritzbande das Grundstück betrat, stellte sich ihnen ein grobschlächtiger Mann entgegen.

»Ihr habt euch wohl verlaufen! Macht, dass ihr wegkommt«, brummte er sogleich und hinderte die Detektive daran, näher zu treten.

»Uns ist eine Taube entflogen!«, meinte Carolin und versuchte damit die angespannte Situation zu entschärfen. Sie bemerkte jedoch, dass sich stattdessen der Blick des Mannes merklich verfinsterte.

»Seht ihr hier vielleicht eine?«, fragte Heelbutt und nahm den drei Detektiven sogleich den Wind aus den Segeln.

In der Tat, alle Tauben waren ausgeflogen und die gesuchte Brieftaube war mit der geheimen Botschaft bereits unterwegs. Auch der Taubenschlag war von dieser Seite des Hauses nicht einsehbar.

»Federvieh kommt mir sowieso nicht ins Haus«, ergänzte Heelbutt kühn und grinste.

»Jetzt ist er in die Falle getappt! Damit hat er sich verraten«, flüsterte Philipp Flo und Carolin zu, als sie den Rückzug antraten.



**? Worauf war Philipps Augenmerk gefallen?**

1895

# 11. Sören Heelbutt ist entlarvt

Philipp hatte die Feder entdeckt, die in Heelbutts Wohnzimmer unter dem Tisch auf dem Teppich lag! Noch vor Verlassen des Grundstücks kam die Lakritzbande an einem offen stehenden Abstellraum vorbei. Philipp, Flo und Carolin blickten sich um.

»Donnerwetter«, sprudelte es aus Caro heraus. Sie verstummte, als von hinten eine ihnen bereits bekannte Stimme ertönte.

»Soll ich euch etwa Beine machen?«, rief Heelbutt den Kindern grimmig zu und sorgte dafür, dass die drei Detektive unversehens sein Grundstück verließen.

»Spann uns nicht auf die Folter. Was hast du im Schuppen gesehen?«, wandte sich Flo an Caro, als die Lakritzbande bereits außer Reichweite war.

»Jetzt haben wir es schwarz auf weiß! Heelbutt ist entlarvt. Nicht nur, dass der Kerl in den geheimen Nachrichtenaustausch verstrickt ist. Er steckt zudem tiefer in der Tinte, als ihm lieb ist. Das war eben nicht zu übersehen, garantiert hat er etwas mit der nächtlichen Diebestour der ›IDA‹ zu tun. Dem müssen wir jetzt auf den Zahn fühlen«, offenbarte Caro ihren Freunden.



**? Welchen Hinweis hatte Carolin entdeckt?**

# 12. Kalte Füße

Carolin hatte eine Seemannsmütze am Kleiderhaken bemerkt. Sowohl der Anker als auch der Schriftzug »IDA« auf der Kappe der Mütze waren nur allzu deutlich sichtbar. Es bestand kein Zweifel mehr, Heelbutt und jener Taubenzüchter, bei dem das Messer gefunden worden war, mussten unter einer Decke stecken. Beide Personen waren dringend verdächtig, in den nächtlichen Coup im Hafen verwickelt zu sein.

»Aber wo befinden sich die übrigen Kisten mit dem Diebesgut?«, grübelte Carolin.

»Es ist nur eine Frage der Zeit, bis die beiden kalte Füße bekommen und uns das Versteck von selbst verraten!«, versicherte Philipp.

Heelbutt und sein Komplize standen fortan ständig im Visier der Detektive. Und Philipp sollte recht behalten.

Schon einen Tag später beobachtete die Lakritzbande, wie diverse Kisten von Heelbutts Grundstück weggeschafft und in einen Kleinlaster verladen wurden.

»Ganz klar, die gestohlenen Armbanduhren werden ausgelagert«, meinte Flo, als er den Kleinlaster davonbrausen sah.

Die Lakritzbande nahm die Verfolgung auf, bis sich die Spur in der Stadt verlor.

»Dort ist so ein Wagen eingebogen«, teilte eine Dame den drei Detektiven auf Anfrage hin mit und wies auf den Ulmenweg.

»Besten Dank! Dann weiß ich, wo wir die Ganoven mit ihrer Diebesbeute suchen müssen«, murmelte Philipp.



? **Wo vermutete Flo die Diebesbeute?**

Juwelie
u. Uhre
F. Kroll
Ulmen
Tischlerei
Körber
E. Pohl
Blumen
KIN
1903
APOTHEK
Bahnhof
Heuweg
Bäckerei
Ivo Kiebitz
Grasweg
Talstraße
BÜCHER
Poolweg
Lehmweg

# 13. Beim Uhrmacher Kroll

Für die Lieferung dieser Ware konnte nur ein Adressat im Ulmenweg infrage kommen. Philipp, Flo und Carolin folgten unverzüglich dem Pfeil auf dem Hinweisschild »Juwelier und Uhren – F. Kroll«. Von dem Kleinlaster selbst jedoch war nichts mehr zu sehen.

»Dann ab in die Höhle des Löwen! Vermutlich wurden die Kisten dort schon entladen«, schlussfolgerte Flo.

Die drei Detektive betraten das kleine Juweliergeschäft und wurden sogleich von Franz Kroll höchstpersönlich empfangen.

»Was wünscht ihr?«, wandte er sich an die Kinder.

»Ich brauche eine neue Batterie für meine Armbanduhr«, stammelte Philipp verlegen und legte sie auf den Ladentisch.

Während Kroll die Uhr begutachtete, versuchte Philipp vergebens die gesuchten Kisten zu entdecken.

»Die Batterie scheint aber in Ordnung«, entgegnete Juwelier Kroll und reichte Philipp seine Armbanduhr. Ihm entging dabei nicht, dass Kroll grübelte und ihn misstrauisch beäugte.

»Wir suchen eh eine neue Uhr und warten noch auf unseren Onkel«, erklärte Carolin beschwichtigend.

»Hm, außer euch und meiner Wenigkeit ist aber keiner hier!«, konterte Uhrmacher Kroll.

»Gut, dann warten wir draußen«, meinte Flo.

Als sie das Geschäft bereits verlassen hatten, flüsterte er seinen Freunden zu: »Klare Sache, Kroll hat uns angelogen. Damit steht fest, er steckt mit den beiden Halunken unter einer Decke!«



**? Woran hatte Flo das erkannt?**

Franz
*Kroll*
Juwelier

Franz
*Kroll*
Juwelier

# 14. Der Kreis schließt sich

Flo war die Kaffeetasse im hinteren Geschäftsraum aufgefallen. Da Uhrmacher Kroll die ganze Zeit über den Verkaufsraum nicht verlassen hatte, musste eine weitere Person im Nebenraum gewesen sein, denn der Kaffeelöffel befand sich plötzlich nicht mehr links, sondern rechts auf dem Unterteller der Kaffeetasse. Die Lakritzbande stand Schmiere, bis Kommissar Lars und Leo am Tatort eintrafen.

»Kommen Sie raus, Sie sind enttarnt!«, machte sich Lars unmissverständlich bemerkbar, als er das Juweliergeschäft betrat.

Franz Kroll stellte sich der Lakritzbande in den Weg.

»Raus mit der Sprache, wo ist Ihr Komplize?«, rief Lars ihm ungeduldig zu und zog den Vorhang hinter dem Tresen beiseite.

»Heelbutt!«, rief Flo wie aus der Pistole geschossen.

Eine anschließende Durchsuchung des Ladens förderte tatsächlich auch das gestohlene Diebesgut zutage. Unter einer Luke auf dem Fußboden entdeckten die Detektive die restlichen Kisten mit den gestohlenen Armbanduhren. Während Kroll und Heelbutt zum Verhör auf das Kommissariat geführt wurden, suchten die Detektive schnurstracks den dritten Komplizen auf. Seine Adresse war ihnen seit Beginn des Kriminalfalls nur allzu bekannt. Sie erwischten ihn in seinem Taubenschlag. Lars zückte seinen Dienstausweis, während Leo sogleich die Namen aller Brieftauben vor Ort inspizierte.

»Und die neunzehnte Taube? Hat sie keinen Namen?«, rief er dem irritierten Taubenzüchter zu.

**Wo steckte sie?**

MOMO
PIA
JULE
MERLE
TOGO
LOLLO
SABA
KALLE
PEPE
OSSI
PINTO
ROSI
IGOR
NELLI
MIA
LEA
OLLI
LUPO
Mais

# Aufruhr im Adlinsky

## 1. Parken verboten

Puschkin!«, antwortete der Taubenzüchter kurz angebunden und ließ sich widerstandslos in Handschellen abführen.
Gemeint war natürlich die den Detektiven nur allzu bekannte Brieftaube, die als Bote die Ganoven mit chiffrierten Nachrichten versorgt hatte. Sie lugte hinter dem zugeschnürten Sack hervor.

Während des Verhörs auf dem Kommissariat gestand der Taubenzüchter, dass er selbst mit Heelbutt den nächtlichen Diebstahl im Hafen verübt hatte.

Ihr Komplize, der Juwelier Franz Kroll, war beauftragt worden, die heiße Ware mit Echtheitszertifikat teuer weiterzuverkaufen. Alle drei wurden nun der Hehlerei angeklagt.
Die großen Ferien verbrachten Philipp, Flo und Carolin bei Tante Lilly, wo sie zunächst unbeschwerte Sommertage in St. Kolibri verlebten. Doch es war nur die Ruhe vor dem Sturm, der sich an diesem Tage leise ankündigte.
»Das wird teuer!«, rief Flo plötzlich.
Während er mit seinen Freunden in einem Eiscafé saß, war er auf ein Fahrzeug aufmerksam geworden, welches im absoluten Halteverbot stand und von einer Politesse bereits argwöhnisch in Augenschein genommen worden war. Sie heftete ein Knöllchen an die Windschutzscheibe und entfernte sich.
»Der Besitzer des Wagens wird sich freuen«, meinte Caro später, nachdem auch sie das betreffende Fahrzeug entdeckt hatte.
»Bestimmt«, antwortete Flo, »dort hinten läuft er!«

**Wo war der betreffende Autobesitzer?**

Drogerie
Adlinsky
HOT
MEYER
KINO
ODE

Drogerie
Adlinsk
HOT
MEYER
KINO
ODE

## 2. Erste Beschwerde

Flo hatte zunächst auf der Rückbank des abgestellten Wagens einen Seesack entdeckt, der wenig später von einem Mann auf seine Schultern gehievt und ins Hotel Adlinsky getragen wurde. »Ihm nach!«, rief Flo und stupste seine Freunde an, ihm zu folgen. Als die drei jungen Detektive die Hotelhalle betraten, waren der Autobesitzer und seine Begleiterin bereits verschwunden. Stattdessen wurden Philipp, Flo und Carolin Zeugen eines Vorfalls an der Rezeption.

»Jemand hat mein Zimmer durchsucht!«, beschwerte sich eine ältere Dame an der Rezeption des Hotels Adlinsky.
»Wurde Ihnen etwas gestohlen?«, fragte der Portier.
Die Dame schüttelte nur den Kopf, woraufhin der Portier seine Augenbrauen hochzog und die Frau ungläubig anschaute. »Haben Sie denn Einbruchsspuren entdeckt?«, hakte er nach.
Kopfschüttelnd verneinte die Frau erneut. Mit dem Portier steuerte sie auf den Fahrstuhl zu.
Gespannt wie ein Flitzebogen folgte die Lakritzbande ihnen unbemerkt.
»Los, hinauf in den dritten Stock! Wir nehmen die Treppe«, meinte Caro, als sie aufmerksam das erleuchtete Lämpchen über dem Fahrstuhl registrierte.
»Ob es wohl dieses Appartement ist?«, fragte Philipp wenige Minuten später, als er mit seinen Freunden vor einer weit geöffneten Zimmertür in eine geräumige Wohnung schaute.
»Ganz sicher!«, war Carolin überzeugt, obgleich niemand dort anwesend zu sein schien.

**Weshalb war sich Carolin so sicher?**

351

# 3. Im Visier der Detektive

Carolin war der Hut im Kleiderschrank aufgefallen. Zuvor war er noch von der Dame getragen worden, als sie sich erbost an den Portier des Hotels gewandt hatte.
»Klar zum Gefecht!«, rief Philipp, steuerte seinen Freunden voraus zur Rezeption des Hotels und bot sofort Hilfe an.
»Ihr kommt wie gerufen«, meinte der Portier, »ihr könnt gleich mit der Arbeit anfangen!«
Bereits am folgenden Morgen lag die Lakritzbande auf der Lauer. Für den Bruchteil einer Sekunde sahen sie ein Zimmermädchen in der Suite Nr. 327 verschwinden. Der Lakritzbande erschien es wie eine Ewigkeit. Da das Zimmermädchen an diesem Morgen nicht mehr zu sehen war, geriet es ins Visier der Detektive. Sie sollten mit ihrer Vermutung richtigliegen, denn am Nachmittag machte erneut ein Hotelgast seinem Ärger Luft. Es war der Fahrzeughalter, dessen Auto bei seiner Ankunft im Halteverbot gestanden hatte und der nun unaufhörlich die Glocke bei der Rezeption läutete.
»Jemand hat unser Zimmer Nr. 327 durchwühlt!«, fauchte der Hotelgast den herbeieilenden Portier an.
Eingeleitete Untersuchungen vor Ort erbrachten jedoch keine Beweise, auch Spuren eines gewaltsamen Aufbruchs der Zimmertür konnten nicht festgestellt werden. Erstmals ließ der Hoteldirektor höchstpersönlich alle vierzehn Zimmermädchen rufen und unterrichtete sie über die Anschuldigungen. Betretenes Schweigen.
»Klarer Fall! Warum in die Ferne schweifen? Ich weiß, welche Person im betreffenden Hotelzimmer war«, flüsterte Philipp.



**? Welches Zimmermädchen war es?**

326

# 4. Sauberes Beweisstück

»Wir müssen sie von nun an im Auge behalten«, fuhr Philipp fort. Dabei spielte er auf die Person an, die mit dem Rücken zu ihnen unmittelbar vor ihnen stand und mit unschuldiger Miene den Worten des Hoteldirektors lauschte. Nur sie konnte in Betracht kommen, denn alle dreizehn anderen Zimmermädchen trugen ein anderes Schuhwerk.

»Donnerwetter, schaut mal hier!«, platzte Flo heraus, als er mit seinen Freunden am nächsten Tag wieder auf geheimer Tour durch das Hotel schlich.

Auf dem Servicewagen des Zimmermädchens, welches von nun an auf Schritt und Tritt von der Detektivbande beobachtet wurde, hatte Flo ein Stück Seife entdeckt.

»Auf den ersten Blick nichts Ungewöhnliches«, fand Carolin.

»Es kommt nur drauf an, von welcher Seite man es betrachtet«, entgegnete Flo, der das Stück Seife umdrehte und es Carolin direkt vor die Nase hielt.

»Donnerwetter, der Abdruck eines Schlüssels«, bemerkte sie erstaunt.

Sogleich studierte sie den Schlüsselbund auf dem Servicewagen. »Was meint ihr, von welchem Schlüssel wurde der Abdruck genommen?«, fragte sie.

»Ganz klar, von diesem hier!«, meinte Flo.



**? Um welchen Schlüssel handelte es sich?**

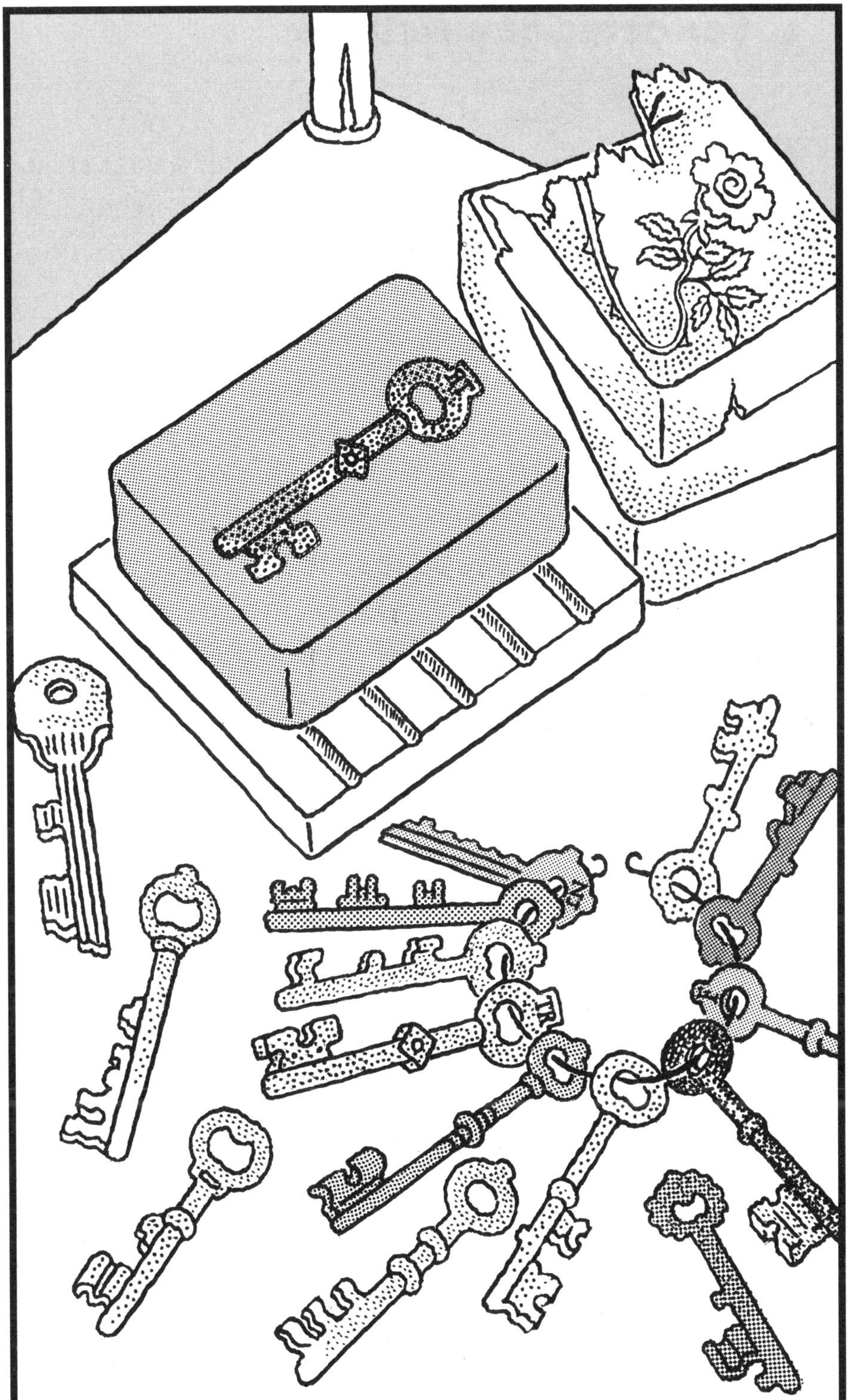

# 5. Vor dem Schaufenster

Flo war sich sicher, es war eindeutig der Schlüssel mit den Initialen »T.R.«, dessen Abdruck sich auf der Seife befand.
»Aber welche Absicht steckt dahinter?«, wollte Carolin wissen, als sie plötzlich Schritte vernahm.
Es war das verdächtige Zimmermädchen, das gerade ein Hotelzimmer verließ, um auf seinen Servicewagen zuzusteuern. Die Lakritzbande hatte sich bereits hinter einer großen Seemannstruhe im Flur versteckt. Von dort beobachteten die Detektive, wie die Frau das geheimnisvolle Seifenstück unter ihrer Schürze in der Rocktasche verschwinden ließ. Die angerissene leere Verpackung, auf der nur ein Rosenzweig abgebildet war, ließ sie hingegen im Müllbeutel verschwinden.
»Los, ab zum Hoteldirektor! Der wird aus allen Wolken fallen, wenn wir ihm von unserer Beobachtung berichten«, war sich Philipp sicher.
Nur wenige Minuten später sprachen die drei Detektive bei ihm vor. Aufmerksam hörte er der Lakritzbande zu, zumal er schon viel von ihren Abenteuern erfahren hatte. Sogleich ließ er das verdächtige Zimmermädchen vorstellig werden. Wider Willen hatte es seine Rocktaschen geleert, doch das gesuchte Stück Seife ließ sich bei ihr nicht auffinden.
»Fehlalarm! Die Frau muss etwas geahnt haben«, meinte Flo, nachdem die Unterredung ergebnislos verlaufen war.
»Klares Eigentor«, befand Philipp nach diesem Debakel.
»Immerhin kennen wir jetzt das gesuchte Seifenfabrikat«, meinte Caro wenig später vor dem Schaufenster des nahe gelegenen Geschäfts »Seifen und Pflegemittel – Dr. Otto Deor«.



**? Wie lautete der Name?**

Seifen und
Pflegemittel
Dr.Otto Deor
Pallo
Angebot
Spray
J.Kelch
SALZ
ROCCO
Angebot
Deo 1,99
Tupi
Mia

# 6. Ein genialer Trick

T*iffany«*, war auf der Seifenverpackung zu lesen, die Caro rechts unten im Regal des Schaufensters entdeckt hatte.

»Die Frage bleibt, was es mit dem Abdruck in der Seife auf sich hat«, sagte Philipp, als er sich mit seinen Freunden auf dem Rückweg zum Hotel befand.

Die Lakritzbande erreichte den Nebeneingang des Hotels Adlinsky über eine kleine Gasse. Dort beratschlagten sich die Freunde über ihr weiteres Vorgehen.

»Und wenn das Stück Seife doch irgendwo im Hotel versteckt worden ist?«, überlegte Carolin.

»Potz Blitz!«, durchfuhr es Philipp in diesem Augenblick. »Ich wette mit euch, das Stück Seife wurde Zug um Zug aus dem Hotel befördert, ohne dass jemand etwas davon spitzbekam! Eine clevere Idee, ohne das Hotel verlassen zu müssen.«

»Du sprichst in Rätseln«, entgegnete Flo und stutzte. Er schaute sich suchend um, war sich aber alsbald sicher, worauf Philipp hinaus wollte.



**? Wie wurde die Seife herausgeschmuggelt?**

1891
Hotel Adlinsky
CAFE Krol

# 7. Die Wohnung von gegenüber

Eine geniale Idee!«, war Philipp überzeugt.
Er zeigte auf die Wäscheleine, die über die kleine Gasse gespannt war. »Garantiert wurde das betreffende Stück Seife in einem Kleidungsstück versteckt und dann an der Wäscheleine vom Hotel zur gegenüberliegenden Wohnung hinübergezogen, ohne dass es jemand spitzbekam!«
»Recht hast du! Und wenn mich nicht alles täuscht, befindet sich dort tatsächlich das Zimmer der Dienstmädchen«, ergänzte Caro und zeigte auf das im zweiten Stock gelegene Fenster über dem Nebeneingang des Hotels Adlinsky.
»Jetzt gilt es herauszufinden, wer gegenüber wohnt«, meinte Flo und schellte sogleich an der Türglocke gegenüber.
»Verschlossen«, bemerkte Caro, als sie an der Tür rüttelte.
Es rumorte im Treppenhaus, plötzlich war es wieder still. Dann erschien eine ältere Dame, die vom Einkauf zurückkehrte und auf den Hauseingang zusteuerte. Sie schloss die Tür auf.
Die Lakritzbande schlich unbemerkt hinterher und stieg die Treppe bis zum oberen Stockwerk hinauf.
»Fehlalarm«, meinte Carolin, als sie mehrmals vergeblich an der Wohnungstür klopfte, »scheint keiner zu Hause zu sein!«
»Nur lauter Werbematerial«, stellte Philipp fest, als er die Post im überfüllten Briefkasten durchschaute. »Vielleicht steht die Wohnung leer!«
»Irrtum! Jemand muss soeben noch in der Wohnung gewesen sein«, bemerkte Flo scharf, als er vom Fenster des Treppenhauses mehrfach einen Blick nach draußen geworfen hatte.



**? Welche Beobachtung hatte Flo gemacht?**

# 8. Reißaus über den Hinterhof

Es fiel Flo wie Schuppen von den Augen. Das kurzärmelige Oberteil mit dem Fragezeichen war von der Wäscheleine verschwunden.
Die Lakritzbande stürzte sofort die Teppen hinunter.
»Er muss über einen Hinterausgang entwischt sein«, stellte Philipp fest, als er sich die Nase an einer Fensterscheibe am anderen Ende des Flurs platt drückte.

»Durch diese Tür muss er getürmt sein«, fuhr Philipp wenig später fort und spielte auf eine unverschlossene Haustür an, die sich im Hochparterre befand.
»Wenn der Kerl tatsächlich wagen sollte, dieses auffällige T-Shirt zu tragen, kriegen wir ihn!«, frohlockte Carolin.
»So dumm wird er wohl nicht sein«, entgegnete Flo.
Es war Markttag. Über den Hinterhof bahnte sich die Lakritzbande mühsam einen Weg durch die vielen Menschen.
Carolin zupfte ihre Freunde plötzlich am Ärmel. »Volltreffer! Da hinten steckt der Ganove«, posaunte sie heraus.



**? Wo hielt die gesuchte Person sich auf?**

TABAK
J. Kron

# 9. Wie der Blitz

Carolin zeigte auf einen bärtigen Mann, der beim Tabakladen unmittelbar hinter dem Zeitungsständer stand.
Die Lakritzbande pirschte sich heran.
»Er türmt!«, stellte Flo fest, noch ehe er mit seinen Freunden die Straße überqueren konnte.
Der Gesuchte machte sich aus dem Staub. Weder ließ er sich am Abend noch am folgenden Tag in seiner Wohnung blicken.
»Zumindest hat der Mann jetzt ein Gesicht!«, bemerkte Philipp.

Und auch seine wahre Identität sollte bald aufgedeckt werden. Flo zauberte aus seiner Hosentasche einen Kugelschreiber hervor.
»Wo hast du den denn aufgegabelt?«, fragte Caro.
»Ich habe ihn neben der Seife auf dem Servicewagen des Zimmermädchens im Hotel Adlinsky gefunden«, antwortete Flo und zeigte auf die Werbemarke.
»Der Kopf eines Schimpansen«, stellte Carolin fest, als sie den Stift genau inspizierte.
»Ist doch immerhin was!«, entgegnete Flo.
Währenddessen war ihm und Caro jedoch nicht entgangen, dass Philipp plötzlich grinste.
»Ich wette, du weißt bereits, was sich hinter diesem Zeichen verbirgt!«, vermutete Flo.
Philipp nickte kurz und blies zum Angriff.



**? Wie lautete die Adresse?**

souvenir
HOTEL
E.Kro
J.M
1877
BUCHMESSE 7-11.3.

# 10. Schmiere stehen

Philipps Augenmerk war auf das Firmenlogo eines Kleintransporters gefallen, der gerade auf die Kreuzung zusteuerte.
»Ein Souvenirladen! Nichts wie hin!«, entfuhr es Philipp und er loggte sich sogleich auf seinem Mobiltelefon ein.
»Hier muss es sein, Poolstraße Nr. 19«, meinte er, als er kurz darauf mit seinen Freunden dort eintraf. In diesem Augenblick wurden die Rollläden heruntergelassen.
»Verflixt! Um Haaresbreite zu spät!«, rief Philipp verärgert.
»Habt ihr seine Hosenbeine erkannt?«, rief Caro ihren Freunden zu und spielte auf die Person an, die an der Eingangstür im Geschäft stand, bevor die Rollläden das Schaufenster vollends verdunkelten.
Die Lakritzbande beobachtete den Laden. Der gesuchte Mann durfte ihnen nicht entgehen, sobald er sein Geschäft verließ. Punkt 16.23 Uhr war es so weit.
»Holla! Das Fragezeichen!«, rief Philipp geistesgegenwärtig.
Auch seine Freunde staunten nicht schlecht. Die gesuchte Person, die in diesem Augenblick das Geschäft verließ, trug tatsächlich den Pullover mit dem Fragezeichen. Sie verriegelte die Eingangstür und verschwand schnurstracks mit einem Päckchen unterm Arm im Gewühl der Menschenmenge.
»Wo der wohl hingeht«, überlegte Carolin.
»Er hat sich in Luft aufgelöst«, meinte Philipp stirnrunzelnd, als er mit Flo und Caro zwei Straßenecken weiter vergeblich nach dem Mann Ausschau hielt.
»Durchaus nicht! Er ist quicklebendig und nicht weit von uns entfernt!«, entgegnete Flo.



**? Was machte der Gesuchte?**

P. Hase
ANTIK
Burg-
Museum
1891
A.V.
1903
Messe
Kino
AHOI

## 11. In der Donnerkeilgasse

Der gesuchte Mann hatte gerade einen Briefkasten aufgesucht, um seine Postsendung einzuwerfen. Einen wichtigen Puzzlestein entdeckte die Lakritzbande, als ein erneuter Vorfall im Hotel Adlinsky gemeldet wurde.

»Wurde Ihnen etwas gestohlen?«, wandte sich der Hoteldirektor kleinlaut an den Hotelgast.

»Nein, aber meine Tasche mit all meinen Habseligkeiten ist durchwühlt worden!«, antwortete dieser aufgebracht.

»Und wieder wurde nichts gestohlen«, flüsterte Philipp seinen Freunden zu.

»Sicher wurde für kurze Zeit erneut ein Schlüssel entwendet, um davon einen Abdruck zu machen!«, ergänzte Carolin.

Fortan stand der Souvenirladen unter Beobachtung. Die Lakritzbande lag auf der Lauer und sah den Souvenirhändler, der den Laden verließ und die Tür abschloss. Die Detektive folgten dem Mann und beschatteten ihn bis zur Donnerkeilgasse, wo er plötzlich in einer kleinen Passage verschwand.

»Hier wird er reingegangen sein!«, war Flo überzeugt und zeigte auf den Eingang einer Schlosserei.

»Was kann ich für euch tun?«, machte sich der Ladeninhaber bemerkbar, als die Lakritzbande den Verkaufsraum betrat.

»Wir haben einen Schlüssel verloren! Wurde bei Ihnen vielleicht einer abgegeben?«, rief Philipp geistesgegenwärtig.

Der Ladenbesitzer schüttelte nur den Kopf.

»Klarer Fall, der Souvenirhändler muss im Geschäft gewesen sein. Garantiert stecken die beiden unter einer Decke!«, war sich Caro sicher, als sie mit ihren Freunden wieder draußen war.



**? Welchen Beweis hatte Carolin entdeckt?**

Schlosserei
Meisterbrief

# 12. Nichts als Staub

»Jetzt haben wir es schwarz auf weiß. Der Souvenirhändler lässt in dieser Schlosserei die Schlüssel der Hotelgäste nachmachen«, meinte Caro, nachdem sie ihre Freunde auf die Leinentasche aufmerksam gemacht hatte, die der Souvenirhändler in der Schlosserwerkstatt gelassen hatte.

»Fragt sich nur, wofür«, überlegte Flo.

»Ganz klar!«, entgegnete Philipp. »Während die Hotelgäste hier ihre Ferien verbringen, wird vermutlich in aller Seelenruhe mit einem Zweitschlüssel deren Privatwohnung ausgeraubt!«

Das schien einleuchtend. Die Dachwohnung gegenüber dem Hotel Adlinsky stand weiterhin im Visier der Detektive.

An einem Sonntagmorgen suchte die Lakritzbande die betreffende Wohnung auf. Zur Sicherheit waren dieses Mal Kommissar Lars und Leo mit von der Partie.

»Aufmachen, Polizei!«, rief Lars, als er mehrmals vergeblich an die Wohnungstür gepocht hatte.

»Scheint keiner da zu sein«, mutmaßte Leo.

»Doch«, entgegnete Philipp, als er durch das Schlüsselloch blinzelte, »der Kerl ist gerade dabei, sich aus dem Staub zu machen!«



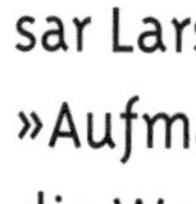

**Wo war die Person?**

# 13. Ein Hinweis ganz oben

Im wahrsten Sinne des Wortes. Unmittelbar nachdem Kriminalkommissar Lars mit einem Ruck die Wohnungstür aufgebrochen hatte, entdeckte er nur noch Ruß, der im Kamin herabgerieselt war.

Zuvor hatte Philipp durch das Schlüsselloch eine Person mit einer karierten Hose und Sandalen beobachtet, die gerade in Begriff war, den Kaminschacht emporzuklettern, um auf diesem Wege die Wohnung zu verlassen. Die Lakritzbande war einhellig der Meinung, es müsse der Souvenirhändler gewesen sein, der vor ihren Augen entwischt war.

»Eine Kleinigkeit, hier über die Dächer zu entkommen«, war sich Lars sicher.

»Los, ab zum Dachboden!«, rief Leo, steuerte auf den Flur zu und lief die letzten Treppenstufen hinauf.

Von der Dachluke aus schauten Philipp, Flo und Carolin über die Hausdächer hinweg. Doch von der geflüchteten Person war nichts mehr zu sehen.

»Wie weggeblasen«, musste sich Philipp wohl oder übel eingestehen.

»Sie muss aber dort entlanggelaufen sein!«, unterbrach ihn Flo.



? **Welchen Hinweis hatte Flo entdeckt?**

T. HEIN

# 14. Das Hausboot am Silbersee

Unmittelbar neben der Satellitenschüssel auf dem Dach des Nachbarhauses hatte Flo eine Sandale entdeckt, die der Souvenirhändler verloren hatte.

Kurz darauf fand sich die Lakritzbande vor der Fassade des betreffenden Hauses ein.

»Ganz klar, er hat sich hier abgeseilt«, versicherte Leo und spielte auf den kleinen karierten Stofffetzen an, der an einer Schelle des Regenabflussrohrs hängen geblieben war.

»Er muss sich dabei seine Hose eingerissen haben«, fügte Leo hinzu.

Auch der Fund der zweiten Sandale ließ nicht lange auf sich warten. Bereits am folgenden Tag ging ein Anruf beim Kommissariat ein, dass sie auf einem sandigen Weg entdeckt worden sei, der zu einem abgelegenen See führte.

Daraufhin suchte die Lakritzbande den Fundort auf. Hinter der Uferböschung fiel ihr Blick auf ein Hausboot, das fest vertäut an einem Holzsteg vor Anker lag.

»Vielleicht ein geheimer Treffpunkt der Bande«, flüsterte Lars seinen Freunden zu.

»Das liegt klar auf der Hand!«, bemerkte Leo.

**Worauf war er aufmerksam geworden?**

# 15. Heftiger Wortwechsel

Leo hatte an der Wäscheleine, die quer über das Hausboot gespannt war, die eingerissene karierte Hose entdeckt. Es war eindeutig das Kleidungsstück des geflohenen Souvenirhändlers.
»Jetzt ab durch die Mitte«, befahl Lars und lief schnurstracks auf das Boot zu.
»Was wollen Sie hier?«, ertönte schon von Weitem eine Stimme, als die Detektive den Holzsteg betraten.

Die Lakritzbande steuerte unbeirrt auf das Hausboot zu, wobei ihr nicht entging, dass drei Personen an Deck des Schiffes eifrig mit etwas beschäftigt waren.

»Sieh an. Alle auf einen Streich«, flüsterte Philipp seinen Freunden zu, als sie den Souvenirhändler, den Schlosser und das verdächtige Zimmermädchen vom Hotel Adlinsky hier vereint wiedertrafen.
»Sie sitzen in der Falle!«, rief Lars den drei Personen zu.
»Dass ich nicht lache! Verraten Sie uns erst einmal, worum es hier überhaupt geht und wer Sie sind«, meinte der Schlosser selbstsicher.
»Sie werden beschuldigt als Handlanger an einer Einbruchserie beteiligt gewesen zu sein!«, antwortete Lars und zeigte ihm seine Dienstplakette.
»Soll das ein Witz sein? Durchsuchen Sie ruhig unser Boot, hier gibt's eh nichts zu finden«, entgegnete der Souvenirhändler gelassen und grinste siegessicher.
»Aufpassen, das ist eine Finte«, flüsterte Carolin ihren Freunden zu. »Ich bin sicher, dass wir dort trotzdem den Beweis finden, der die drei überführen wird!«



**? Worauf spielte Carolin an?**

# Der Dieb im Saurierpark

## 1. Filmvorführung mit Unterbrechung

Carolin war aufgefallen, dass das Gaunertrio das Schiffsseil zu Wasser gelassen hatte, unmittelbar bevor die Detektive das Deck betraten. Mit vereinten Kräften zogen sie am Seil, bis ein zylindrischer Metallbehälter an der Wasseroberfläche zum Vorschein kam. Sie hievten ihn herauf. Lars schraubte den Deckel auf. Die Büchse war bis zum Rand gefüllt mit frisch gedruckten Euronoten. Auf dem Kommissariat gaben die drei Verdächtigen vor, das Geld redlich verdient zu haben. Erst als Leo mit einem kleinen Beutel aufwartete, der sich ebenfalls im Kanister befunden hatte, konnten die drei Personen überführt werden.
»Was steckte eigentlich in dem Beutel?«, fragte Flo, als er mit seinen Freunden wenig später im Kinosaal saß, um einen Film über das Leben in der Urzeit anzuschauen.
»Lauter Schlüssel«, flüsterte Carolin verschmitzt und spielte dabei auf die vielen Nachbildungen an, mit denen ein vierter Komplize sich vor Ort Zugang zu den Privatwohnungen einzelner Hotelgäste verschafft hatte und sie ausraubte. »Im Übrigen sitzt auch dieser bereits in Untersuchungshaft!«
»Damit wäre der Fall ja gelöst!«, erklärte Flo, als plötzlich das Licht im Saal erlosch und der Vorhang sich öffnete.
Gespannt verfolgten die Detektive den Film, er erwies sich jedoch alsbald als Flop.
»Der Regisseur hat keine Ahnung«, unterbrach Philipp die Stille und wies auf drei Tiere, die es zur damaligen Urzeit auf keinen Fall gegeben haben konnte.



**? Welche drei Tiere waren es?**

## 2. Raub der Riesenlibelle

Für einen Moment hatte Philipp ein Kaninchen, ein Eichhörnchen und eine Stockente auf der Leinwand entdeckt, bevor diese plötzlich von einem riesigen Schatten verdunkelt wurde. Es war eine Person aus einer der hinteren Zuschauerreihen im Kinosaal aufgesprungen und stürmte jetzt zum Ausgang.
»Da ist was im Busch«, flüsterte Carolin ihren Freunden zu. Auch sie verließen abrupt den Vorführraum und hefteten sich an die Fersen des Mannes. Rasch stellte sich heraus, dass es sich bei der fraglichen Person um Lorenz Papenbrink, den Direktor des Saurierparks, handelte. Fassungslos fand ihn die Lakritzbande vor einer leeren Vitrine im paläontologischen Museum vor.

»Wie konnte das nur passieren?«, fragte er und fluchte.
»Der Diebstahl hat sich vor etwa zehn Minuten kurz nach meinem letzten Rundgang ereignet. Keine Aufbruchspuren. Der Täter muss sich also gut ausgekannt haben«, antwortete einer der Sicherheitsbeamten. Er war fassungslos. »Der Täter hatte es auf einen größeren Ammoniten, vor allem aber auf die wertvolle fossile Riesenlibelle abgesehen. Alle anderen Ausstellungsstücke blieben zurück!«
»Gebt sofort Alarm, dass keiner unkontrolliert den Saurierpark verlässt!«, befahl Papenbrink mit ernster Miene.
Daraufhin wurden alle Sicherheitskräfte per Mobiltelefon informiert und angehalten, sich an den Ausgängen zu postieren. Philipp, Flo und Carolin lauschten dem Gespräch.
»Schaut, was ich gefunden habe!«, rief Flo, als er sich bereits mit Philipp und Carolin am Eingang des Museums aufhielt.

**? Was hatte er entdeckt?**

# 3. Ein besonderer Fund

Was ist das?«, fragte Caro, als Flo sie auf den mysteriösen Fund am Fuße der Buddhastatue aufmerksam machte.
»Ein Gamsbart mit einer Hülse«, fiel Philipp ihr ins Wort. »Vermutlich von einem Trachtenhut!«
»Ob der Täter solch einen Hut getragen hat?«, fragte Caro.
»Das müssen wir herausfinden!«, antwortete Philipp.
»Chloroform«, war sich Flo sicher, als er kurz darauf an einem Stofftuch schnupperte, welches er ebenfalls im Gebüsch aufgelesen hatte.
»Wie passt das zusammen?« Carolin stutzte.
Die Antwort kam prompt. Einer der Parkwächter lag bewusstlos im Büro. Er war betäubt worden und es dauerte noch eine Zeit lang, bis er wieder erwachte. Beim Überfall war ihm der Schlüssel gestohlen worden, mit dem anschließend die Vitrine aufgeschlossen wurde, um die Versteinerungen zu rauben. Es gab jedoch keinerlei Vorkommnisse an den Parkausgängen. Allem Anschein nach befand sich der Täter nach wie vor im Saurierpark. Besonders hielten die Detektive nach einer Person mit Tirolerhut Ausschau. Philipp wandte sich an einen Kioskbesitzer, der in der Nähe des Tatorts sein Geschäft betrieb.
»Keine Ahnung, Kinder. Nichts Auffälliges. Nur jede Menge Trubel!«, meinte dieser kurz und schüttelte den Kopf.
»Ich wette mit euch, der Täter muss hier gewesen sein«, fiel es Carolin plötzlich wie Schuppen von den Augen, als sie mit ihren Freunden den Saurierpark weiter entlanglief und tatsächlich einen Trachtenhut entdeckte, der im Eifer des Gefechts vom Besitzer vermutlich vergessen worden war.



**? Wo hatte Carolin den Trachtenhut entdeckt?**

Kasse
Süß
waren

# 4. Schwindelgefühle

Drei Karten, bitte!«, rief Philipp dem Kassierer des Karussells zu, während Flo und Carolin schon schnurstracks auf die Kabine des Flugsauriers zusteuerten, in der der herrenlose Trachtenhut lag.

»Eindeutig der gesuchte Hut. Seht, dort fehlt der Gamsbart!«, stellte Philipp kurz darauf fest und zeigte seinen Freunden die aufgerissene Nahtstelle an der Krempe des Hutes.

Schon setzte sich das Karussell in Bewegung und drehte sich mehrmals in beide Richtungen. Benommen verließen die drei Detektive kurz darauf das Schaustellerfahrzeug.

»Was hast du da?«, fragte Flo, als er bemerkte, dass Philipp etwas aus seiner Hosentasche zog.

»Nur ein zerplatzter Luftballon«, entgegnete Philipp und fuhr fort, »den habe ich auf der Sitzfläche neben dem Trachtenhut gefunden!«

»Ob der Ballonverkäufer uns weiterhelfen kann?«, warf Carolin ein.

»Am besten befragen wir ihn mal persönlich«, entgegnete Flo und steuerte sogleich auf ihn zu.



**? Wo hielt sich der Ballonverkäufer auf?**

EIS
SAFT
LOSE
GEBÄCK
HONIG
Postkarten
Plüschtiere

# 5. Bei den Seeungeheuern

Dort hinten bei den Postkarten steckt er!«, rief Flo seinen Freunden zu.
»Ihr Lausbuben, wenn ich mich an jeden erinnern könnte, der mir einen Luftballon abgekauft hat, dann hätte ich ein Gedächtnis wie ein Mammut«, bemerkte der Luftballonverkäufer jedoch trocken und entfernte sich.
»Das war eindeutig«, sagte Philipp.

Unterwegs kamen die drei Detektive am Teufelssee vorbei.

Von der Aussichtsplattform schauten Philipp, Flo und Carolin auf das Wasser hinaus. Ihr Blick folgte den Booten, die zwischen den vielen Seeungeheuern entlangfuhren.

»Was suchen wir hier?«, fragte Carolin.
»Das ist ja merkwürdig!«, fiel Philipp ihr ins Wort, als er gerade eine Erdnuss knabberte. Er deutete auf eines der urzeitlichen Tiere, bei dem er etwas Ungewöhnliches entdeckt hatte.



**? Worauf spielte Philipp an?**

# 6. Ein aufschlussreiches Telefonat

Sofort informierte die Lakritzbande Direktor Papenbrink, der die Bergung der Tasche aus dem Maul eines der urzeitlichen Seeungeheuer veranlasste.
»Ob sie dem Täter gehörte?«, fragte Carolin, während einer der Sicherheitsbeamten die Tasche auf ihren Inhalt untersuchte.
»Donnerwetter, tatsächlich der gestohlene Ammonit!«, bemerkte Philipp spitz, als der fossile Fund aus der Tasche herausgezaubert wurde.
»Klarer Fall, der Täter hat die Tasche erst vor Kurzem dort deponiert!«, warf Carolin ein.
»Bleibt nur die Frage, wo die versteinerte Riesenlibelle steckt«, ergänzte Flo.
»Außerdem fehlt das Mobiltelefon«, fügte Direktor Papenbrink hinzu.
»Was für ein Mobiltelefon?«, stutzte Philipp.
»Während des Überfalls ist es unserem Parkwächter gestohlen worden«, klärte Direktor Papenbrink die Lakritzbande auf.
»Haben Sie seine Nummer parat?«, fragte Philipp.
»Natürlich«, entgegnete Direktor Papenbrink, betätigte sogleich die Tasten und stellte den Lautsprecher ein.
»Wer immer jetzt abnimmt, muss der Täter sein!«, schlussfolgerte Flo.
»Hallo?«, meldete sich eine Stimme am anderen Ende der Leitung, bis sie plötzlich vom Gebrüll eines Menschenaffen übertönt wurde. Dann brach das Gespräch abrupt ab.
»Kommt mit, ich zeige euch, wo wir zu suchen haben!«, überraschte Caro ihre Freunde und schlug sogleich die Richtung ein.



**? Welches Ziel steuerte Caro an?**

EIS
Saft Bär
Glücks Bude
Dinosaurier THEATER
Heiße Waffeln
Würstchen

# 7. Augen auf in der Geisterbahn

»Das Gebrüll kam eindeutig von hier!«, war sich Carolin sicher, während sie auf den riesigen Menschenaffen hochschaute, der über dem Eingang der Geisterbahn thronte.
»Wenn der Täter tatsächlich hier in der Geisterbahn verschwunden sein sollte, sitzt er jetzt in der Falle«, war Philipp überzeugt.
Während sich Philipp und Carolin am Ein- und Ausgang der Geisterbahn postierten, löste Flo eine Eintrittskarte und fuhr eine Runde durch die Geisterbahn.

Es war stockduster. Nur einzelne Scheinwerfer leuchteten plötzlich auf die großen Geschöpfe der Urzeit, die, elektrisch angetrieben, für einen kurzen Moment auftauchten. Furcht einflößend bäumten sich die Urzeittiere vor dem Besucher auf, um sogleich wieder schemenhaft in der Dunkelheit zu verharren.
Flo erschrak. Für den Bruchteil einer Sekunde glaubte er tatsächlich ein Tier erkannt zu haben, das plötzlich aus der Geisterbahn verschwand.



**? Um welches handelte es sich?**

# 8. Säbeltiger auf der Flucht

Und, hast du was entdeckt?«, löcherte Philipp sogleich seinen Freund, als dieser dem Ausgang der Geisterbahn zusteuerte.

»Eindeutig, es war ein Säbeltiger, der plötzlich in der Dunkelheit auf- und dann wieder abtauchte«, stellte Flo fest.

»Das wäre mir doch aufgefallen, wenn sich vor meiner Nase ein Säbeltiger aus dem Staub gemacht hätte«, antwortete Philipp argwöhnisch.

Auch Carolin schüttelte nur den Kopf.

»Hier könnte er entkommen sein!«, meinte Flo und zeigte auf ein kleines Schlupfloch an der Außenwand der Geisterbahn.

»Wer's glaubt, wird selig«, grinste Philipp und schaute Flo ungläubig an, als die drei Freunde sich auf die weitere Suche durch den Saurierpark machten.

»Ruder zurück, Philipp. Flo hat recht!«, fiel Carolin ihm ins Wort. »Schau, dort hinten liegt tatsächlich die Maske eines Säbeltigers!«

»Potz Blitz, eins zu null für euch!«, gab Philipp klein bei, als auch er auf den Kopf des Urzeittigers aufmerksam wurde.



**? Wo lag die gesuchte Maske?**

# 9. Mauritius lässt grüßen

Hinter dem Fluss hatte Carolin die Maske eines Säbeltigers auf den Felsen erkannt.
»Imposante Zähne«, kommentierte Flo, als plötzlich von hinten eine Stimme ertönte.
Die Lakritzbande drehte sich um und entdeckte einen älteren Mann, der sich ihnen näherte.
»Das konnte ich mir doch nicht entgehen lassen!«, sprach dieser die Kinder an und zeigte freudig das Ergebnis seines Schnappschusses.
»Habe ich mit meinem Mobiltelefon aufgenommen«, fuhr der Mann fort und hielt den jungen Detektiven das Foto einer schemenhaften, davoneilenden Kreatur entgegen.
»Alle Achtung! Scheint tatsächlich der gesuchte Säbeltiger zu sein, bepackt mit einem Rucksack«, flüsterte Philipp seinen Freunden zu. Es entging ihnen nicht, dass Philipp sich über die unscharfe Aufnahme leise mokierte.
Unterdessen war Carolin wieder im Dickicht verschwunden.
»Was machst du da?«, rief Philipp ihr entgegen, als sie plötzlich mit mehreren Papierschnipseln wieder hervorgekrochen kam.
»Sechs Buchstaben. Was sie wohl bedeuten?«, stutzte Flo.
»Mauritius lässt grüßen!«, fiel der alte Mann den Kindern erneut ins Wort und grinste verschmitzt.
»Vor langer Zeit lebte dort einmal dieses Tier, zuletzt wurde es im Jahre 1690 gesehen«, fügte er noch hinzu, bevor er sich davonmachte.
»Donnerwetter, der Mann hat recht!«, fiel es jetzt auch Philipp wie Schuppen von den Augen.



**? Wie hieß das ausgestorbene Tier?**

D
N
E
R
T
O

# 10. Geheimer Treffpunkt

Ob der Täter tatsächlich einen Treffpunkt bei der Dronte vereinbart hat?«, zweifelte Flo, als er und seine Freunde sich kurz darauf auf dem Gelände eingefunden hatten, wo sich eine Dronte inmitten vieler Urzeittiere befand.

»Keine Ahnung. Aber dort steht zumindest der gedrungene, plump wirkende Vogel mit seinem auffällig lang gezogenen Schnabel!«, bestätigte Philipp und zeigte in Richtung der gegenüberliegenden Wasserseite, wo der Laufvogel zwischen den vielen großen Urzeittieren kaum zu sehen war.

»Aber von der verdächtigen Person fehlt jede Spur!«, rief Flo enttäuscht.

»Du irrst«, entgegnete Carolin und verwies auf jemanden, der sich einen sicheren Weg zu dem betreffenden Urvogel zu bahnen schien.

**Wo hielt sich die Person auf?**

# 11. Eingekreist

Philipp, Flo und Carolin sahen eine verdächtige Person mit einem schweren Rucksack beladen, die plötzlich das Gebüsch verließ, um sich sofort hinter der Dronte zu verschanzen. Per Mobiltelefon informierte die Lakritzbande Direktor Papenbrink. Schon wenige Minuten später erschien er mit vier Sicherheitsbeamten, um den Verdächtigen einzukreisen.

»Was wollen Sie von mir? Pfeifen Sie sofort Ihre Wachmänner zurück!«, schnauzte der Mann Direktor Papenbrink an.

»Immer mit der Ruhe! Sie stehen im Verdacht, unser Museum beraubt zu haben«, gab Papenbrink zurück.

»Durchsuchen Sie ruhig alle meine Taschen! Sie werden keinen Erfolg haben«, ereiferte sich der Mann.

»Ich glaube, damit hat er recht«, flüsterte Flo Direktor Papenbrink zu. »Seinen Rucksack mit der auffälligen Ziffer 9 hat er nicht mehr bei sich!«

Während ein herbeigerufener Ortspolizist die verdächtige Person zum Verhör mit auf die Wache nahm, hielt die Lakritzbande nach dem hellen Rucksack Ausschau.

»Nirgends zu finden!«, meinte Philipp resigniert, nachdem er und seine Freunde vergeblich das umliegende Parkgelände nach dem Gepäckstück abgesucht hatten.

»Mich laust der Affe!«, platzte Flo plötzlich heraus und ergänzte: »Kommt schnell mit! Dort hinten scheint jemand mit dem Rucksack und der Diebesbeute fliehen zu wollen.«

**Wen hatte Flo im Visier?**

Andenken
Frische Mandeln
EIS

# 12. Ausgetrickst

Gefolgt von Philipp und Carolin stürmte Flo auf den schlanken Mann zu, der an seinem zweirädrigen Verkaufsstand gebrannte Mandeln zum Kauf anbot. Mit dem gesuchten Rucksack war er gerade dabei, das Weite zu suchen. Erst in der Nähe des Parkausgangs bekamen sie den Handwagen wieder zu Gesicht.
»*E. Honig*«, las Flo seinen Freunden vor, als er auf den Namenszug aufmerksam wurde, der in großen Buchstaben nicht zu übersehen war.

»Von Honig selbst fehlt aber jede Spur. Der hat sich aus dem Staub gemacht«, entgegnete Carolin.
»Klar, und der Rucksack fehlt auch!«, sagte Flo, als er das Gefährt des Mandelverkäufers aus nächster Nähe inspizierte.
»Wahrscheinlich hat der Kerl die Sicherheitsbeamten am Ausgang ausgetrickst und das Parkgelände bereits ungehindert verlassen können«, vermutete Philipp, nachdem er eine wertvolle Beobachtung gemacht hatte.
»Bei den Kontrollen?«, stutzte Flo.
Einen kurzen Augenblick später, nachdem die drei Freunde den Dinopark verlassen hatten, begriff Flo, worauf Philipp angespielt hatte.



**? Welche Entdeckung hatte Philipp gemacht?**

EHonig

# 13. Honig im Bett

»Wie ich vermutet habe! Hier sind sie«, bemerkte Philipp nüchtern, während er mit seinen Freunden auf den Hinterhof der Brunnengasse zusteuerte.
Dort hatte er die Stelzen entdeckt, die zuvor an der Mauer im Parkgelände gelagert hatten und nun von Honig am Regenabflussrohr eines Hauses abgestellt worden waren.
»Donnerwetter, die Adresse stimmt auch. Hier scheint tatsächlich ein Egon Honig zu wohnen«, fügte Carolin hinzu, nachdem sie die Namensschilder am Eingang des Wohnblocks im Hinterhof studiert hatte.

»Dann ab zum ersten Stock!«, rief Philipp seinen Freunden zu, nachdem auch Lars und Leo eingetroffen waren.
Die Lakritzbande stieg den dunklen Treppenflur hinauf, Lars pochte an eine Tür.
»Herein«, ertönte eine Stimme von innen, »die Tür ist offen!«
Die Lakritzbande trat ein und fand Egon Honig im Bett vor.
»Was gibt's?«, brummte er.
»Wo haben Sie sich in den letzten zwei Stunden aufgehalten?«, fiel ihm Lars ohne Umschweife ins Wort und zeigte seine Dienstplakette vor.
»Soll das ein Witz sein?«, entgegnete Honig gereizt. »Ich liege seit gestern mit einem Hexenschuss im Bett und kann mich überhaupt nicht rühren!«
»Das glauben wir Ihnen aufs Wort!«, entgegnete Carolin mit einem ironischen Unterton in ihrer Stimme, als sie sich in der Wohnung von Egon Honig umgeschaut hatte.

**Was bewies, dass Egon Honig log?**

Büro

1811

# 14. In der Klosterallee Nr. 13

Klarer Fall! Während die Lakritzbande den Treppenflur des Mietshauses betreten hatte, musste Egon Honig seine Pendeluhr aufgezogen haben.
Trotz eines eilig erstellten Durchsuchungsbefehls konnte die Diebesbeute aus dem Urzeitpark wider Erwarten nicht in der Wohnung von Egon Honig vorgefunden werden. Somit hatte er als unschuldig zu gelten.
»Die Falle schnappt noch zu! Honig selbst wird uns auf die richtige Fährte führen«, flüsterte Lars, als die Detektive im Hinterhof Stellung bezogen.
Schon kurz darauf ergriff Egon Honig sein Fahrrad und fuhr mit einem geheimnisvollen Päckchen davon.
»Auf geht's! Der darf uns nicht entwischen!«, blies Lars zum Angriff und folgte mit seinen Freunden im Dienstfahrzeug, stets sicheren Abstand haltend, um nicht entlarvt zu werden.
»Halt, hier ist er rein. Dort steht auch sein Fahrrad!«, rief Carolin, kurz nachdem Lars in die Klosterallee eingebogen war.
Die Detektive verharrten im Auto. Nachdem Egon Honig die Villa verlassen hatte und davonradelte, klingelte Lars dreimal an der Haustür, bis endlich geöffnet wurde. Er zückte seine Dienstplakette, erst dann ließ eine ältere Dame mit heiserer Stimme die Detektive eintreten.
»Wovon reden Sie? Was für ein Diebesgut soll ich erhalten haben?«, entgegnete die Frau empört, nachdem sie auf das Päckchen des Fahrradkuriers angesprochen worden war.
»Die Frau hat es faustdick hinter den Ohren! Sie weiß genau, wovon die Rede ist«, flüsterte Flo Lars zu.



**? Welchen Beweis hatte Flo entdeckt?**

# 15. Entdeckung im Garten

Klarer Fall, die Frau saß bis zum Hals in der Tinte, denn auch sie hatte bemerkt, welch groben Fehler sie begangen hatte. Das auffällige Papier, mit dem das geheimnisvolle Päckchen eingewickelt gewesen war, lag zusammengeknüllt im Mülleimer. Trotz allem beharrte die Frau weiterhin darauf, die besagte Sendung weder bekommen noch entgegengenommen zu haben. Die anschließende Durchsuchung des Hauses ließ die Frau aufatmen, denn die erhoffte Diebesbeute aus dem paläontologischen Museum konnte bei ihr nicht aufgefunden werden.

»Verflixt und zugenäht!«, fluchte Lars insgeheim, als Leo ihm einen Wink gab, die Suche im Garten fortzusetzen.

Carolin war dabei nicht entgangen, dass die Frau plötzlich aschfahl wurde und wortlos auf einem Sessel Platz nahm.

Unterdessen schwirrte die Lakritzbande in alle Richtungen aus.

»Suche einstellen, Beute gefunden!«, rief Philipp nach kurzer Zeit lauthals.

Seine Freunde eilten herbei.

»Und, wo steckt nun die Beute?«, fragte Lars.

»Augen auf! Dort liegt das Diebesgut. Nur ein paar Schritte und du stolperst direkt über die fossile Riesenlibelle!«, witzelte Philipp.



**? Wo war die gesuchte Riesenlibelle?**

E.O

# 16. Esmeralda Optericks in Beweisnot

*»Gestohlene Riesenlibelle gefunden – ein weiterer Erfolg für die Lakritzbande!«*, titelte der Abendkurier in seiner neuesten Ausgabe.

*»Ausgerechnet im Garten der pensionierten Professorin für paläontologische Forschung, Esmeralda Optericks, entdeckten die jungen Detektive die seltene Versteinerung einer Riesenlibelle. Inmitten von Efeupflanzen lag sie links neben einer Puttenfigur versteckt in ihrem Garten.*

*Esmeralda Optericks selbst hatte stets beteuert, mit dem Diebstahl nichts zu tun zu haben, verstrickte sich durch diesen sensationellen Fund jedoch in Widersprüche.*

*Mittlerweile wurde sie, ebenso wie ihre beiden Komplizen, dem Haftrichter vorgeführt. Nach letzten Erkenntnissen ist davon auszugehen, dass Esmeralda Optericks selbst den Coup in Auftrag gegeben hat!«*, las Leo seinen Freunden weiter vor.

»Saubere Arbeit! Wieder eine Akte geschlossen!«, ergänzte Lars und lud seine Freunde zur Feier des Tages ins benachbarte Eiscafé ein.